Priska Lachmann

Aufwärts fallen

Wie mein Leben zerbrach und ich
zu einem neuen Glauben fand

Für alle,
die zweifeln,
enttäuscht sind,
abgelehnt wurden,
an Gott interessiert sind,
Jesus suchen,
zu viele offene Fragen haben.
Und für alle,
die voller Liebe und Hingabe
in mich und mein Leben investiert haben.

»Vielleicht ist das Gegenteil von
Fundamentalismus nicht liberal zu sein,
sondern Menschlichkeit!«

Nach Nadia Bolz-Weber auf Instagram

Einige Namen der Protagonisten wurden zum Schutz der Privatsphäre geändert.

Gott ist in meinen Texten der Lesbarkeit halber in der männlichen Form beschrieben. Ich möchte aber voranstellen, dass Gott kein Geschlecht hat, sondern unsere deutsche Sprache Gott männlich tituliert. Wir sind geschaffen nach Gottes Bild, also männlich und weiblich. Und so ist auch Gott alles.

Inhalt

Einleitung

Vielleicht wäre es leichter, ich wäre gar nicht mehr gläubig, hätte meine ganze Vergangenheit mit meinem Glauben zusammen in eine Kiste gepackt und im hintersten Winkel auf dem Dachboden versteckt. Eingewoben von Spinnweben würde die Kiste vielleicht erst viele Generationen später wiedergefunden und ihre Inhalte als Relikte aus uralter Zeit mit erstauntem Kopfschütteln und achtsamem Schweigen von den neuen Hausbesitzern betrachtet werden.

Oder vielleicht wäre mein Glaube auch besser wie ein alter Regenmantel, den man nicht vernünftig zum Trocknen aufgehängt hat. Jetzt müffelt er und modert und man wirft ihn in die Mülltonne. Und ist der Mantel einmal weg, denkt man auch nicht mehr an ihn und kauft stattdessen einen neuen, schicken und passenden. Ein neuer Mantel für eine neue Zukunft.

Doch was mache ich? Ich schleppe meinen Glaubensmantel immer noch mit. Ich hänge ihn in den Schrank und schaue immer mal wieder nach ihm. Manchmal andächtig, manchmal mit schmerzendem Herzen. Manchmal kommen mir auch die Tränen. Ich werde ihn nicht ganz los, will ihn auch nicht loslassen und wegwerfen. Stattdessen hole ich ihn immer wieder hervor. Ich flicke die kaputten Stellen, manchmal nähe ich mir auch ein neues Innenfutter ein und wenn er nicht mehr ganz passt, dann ziehe ich eben den Bauch ein. Dann geht es schon. Zu viel

Angst habe ich, dass ich keinen neuen, passenden Mantel finden könnte. Zu sehr habe ich mich an ihn gewöhnt. Und es ist auch trotz aller unbequemer Erfahrungen in meiner Vergangenheit, bequemer, mit ihm zu leben, als ohne ihn. Er gibt mir Sicherheit. So scheint es mir. Vielleicht ist mein Glaube auch viel mehr als ein Mantel? Vielleicht eher eine zweite Haut und ich erlebe, wie diese zu eng wird, reißt und platzt, damit etwas Neues, vielleicht Schöneres entstehen kann?

Vorab sei gesagt, ich schreibe dieses Buch nicht über die Vergangenheit. Ich bin nicht »durch« mit dem Thema, es ist eher ein Weg, den ich beschreite. Ich schreibe also in Verletzlichkeit und Achtsamkeit und immer begleitet vom Hinterfragen, Sehnen und Suchen nach Antworten oder wenigstens nach diesem einen Gefühl: Anzukommen.

Dieses Buch ist für all diejenigen, die mehr Fragen als Antworten haben, die Jesus verloren haben durch menschliche, schmerzhafte Begegnungen, die Gott suchen aber nicht wissen, ob er sich von ihnen finden lassen möchte. Und auch für diejenigen, die schon alle offenen Fragen Gott betreffend durchdacht haben, nun am Ende einer langen Reise stehen und das Nichts, vor dem sie sich am Ende wiederfinden, neu füllen müssen.

Auf meiner eigenen Glaubensreise wollte ich alles richtig machen, machte im Endeffekt aber vieles falsch.

»Das Bodenpersonal Gottes lässt doch sehr zu wünschen übrig. Es ist, wie wenn man einen sehr guten Film in einem schlechten Dorfkino ansieht. Die Umstände sind miserabel, die Tonqualität ist vielleicht schlecht, die Umgebung ist laut, und der Filmprojektor ist uralt, und leider besteht Gefahr, darüber zu vergessen, dass der Film selbst doch eigentlich grandios ist.«

Hape Kerkeling in seinem Buch »Ich bin dann mal weg«

I.
»Pass auf, nicht dass du in die Hölle kommst!«

Ich war eine Fundamentalistin*. Das klingt jetzt so, als würden wir bei den Anonymen Alkoholikern im Kreis sitzen und alle würden der Reihe nach aufstehen und bekennen. »Hallo, ich bin Priska. Ich war Fundamentalistin.« Und ja, inzwischen fühlt es sich an wie ein Bekenntnis: Der Moment, in dem man etwas bekennt, das einen innerlich aufgefressen hat und man an einen Punkt im eigenen Leben gekommen ist, an dem man endlich authentisch und frei leben will; sich von Fesseln und Ketten befreit, destruktive Lebensweisen aufgibt, um zu wachsen und gesund zu sein. Ich war eine Fundamentalistin, die glaubte, dass die Apokalypse naht und die Glücksbärchis und Teletubbies Auswüchse des Teufels sind, um mit New Age in die Kinderzimmer zu gelangen. Und ich war der Überzeugung, dass ich, wenn ich nur richtig glauben und beten würde, niemals krank werden würde.

Die ganze Zeit aber spürte ich tief in mir, dass mich dieses Denken nicht glücklich machte und dass es mich nicht so befreit leben ließ, wie es mir und den Menschen um mich herum immer wieder versprochen wurde. Trotzdem war ich fundamentalistisch und hütete mich davor, Zweifel in mir zum Leben erwachen zu lassen. Zu groß war die Furcht, zu liberal zu werden und dann nicht mehr ganz zu Jesus zu gehören und damit unwürdig, nicht gerettet und zu ewigen Höllenqualen verdammt zu sein. Ich klammerte mich an fundamentalistisches Gedankengut, weil es das einzig richtige zu sein schien. Fundamentalistisch zu sein hieß, die richtigen Überzeugungen über Gott zu haben und diese Überzeugungen gegen alles zu verteidigen, was diese in Frage stellen wollte. Den guten Kampf des Glaubens zu kämpfen, daran hingen mein Selbstwertgefühl und mein Lebenssinn. Gott zu gefallen und andere davon zu überzeugen, dass sie ihn genauso lieben und verehren sollten wie ich, war mein Ziel.

Wenn ein Prediger auf die Bühne in einem der vielen Gottesdienste kam und eine Bibelstelle vorlas, wusste man sofort, worüber gepredigt werden würde, welche Bibelstellen verwendet und wie sie ausgelegt werden würden, da es (gefühlt) immer nur eine mögliche Auslegung gab. Damit wuchsen wir auf und das gaben wir genauso an die nächste Generation weiter. Theologische Veränderung war nicht möglich. Prophetische Worte waren absolut und wurden nur hinterfragt, wenn sie nicht vom Prediger oder einem der Ältesten gesprochen worden waren, nicht aber, wenn der Prophet oder die Prophetin in der Gemeinde angesehene Menschen waren. Ich war der Meinung, dass der wahre christliche Glaube, oder die ursprünglichste, beste und pure Version davon mit Jesus und seinen Jüngern in die Welt gekommen war, dann inmitten des Römischen Reiches mit der katholischen Kirche verlorenging und wieder zum Leben erweckt wurde durch Martin Luther und die Reformation. Doch dann wurde er wieder verwässert durch all die Humanisten, und, was noch schlimmer war, durch historisch-kritische Exegese* oder die feministische Theologie. Für mich war völlig klar, dass die wichtigsten Elemente des Glaubens sich über die Jahre und Jahrhunderte nicht verändert hatten, sondern dass sie in der Bibel zwar verborgen, aber aufgehoben waren und es unsere Aufgabe sei, diese zu verteidigen und zu beschützen. Diese wichtigen, fundamentalen Wahrheiten durften sich nicht verändern.

Aber wie hätten diese Wahrheiten ausgesehen, wenn ich in einer anderen Zeit gelebt hätte? Hätte ich dann Bibelverse genutzt, um zu belegen, dass es mein Recht sei, Sklaven zu besitzen? Wäre ich begeistert gewesen, wenn ich von den Kreuzzügen gehört hätte? Und wäre es für mich nicht biblisch belegbar gewesen, dass mein Mann polygam leben darf?

Die einfachen Antworten befriedigten mich irgendwann nicht mehr. Ich begann zu zweifeln und mich meinen eigenen Fragen zu stellen. Mein Glaube wurde lückenhaft, zerstückelt und war doch zugleich so echt wie noch nie. Ich bezweifelte die ewige Verdammnis aller Nicht-Christen und die wissenschaftliche und historische Akkuratesse der Bibel. Ich hinterfragte die Absolutheit von Wahrheitsansprüchen und Gott an sich: Seine Gerechtigkeit, vor allem in Bezug auf Errettung und Armut. Ich hinterfragte seine Allmacht, und all die Bibelverse, in denen ich Unterdrückung entdecken konnte. Wenn es überhaupt eine Schublade gibt, in die man mich stecken könnte, dann muss ich sagen: Ich wurde liberal. War der Gott meiner Kindheit tatsächlich der Gott, mit dem ich leben wollte?[1]

Meine Fragen töteten meinen Glauben *nicht*, stattdessen machten sie ihn tiefer, fester, stärker und neu. Ich musste mich ergründen, neue theologisch fundierte Antworten suchen, mit alten Glaubenssätzen aufräumen und meine Angst vor der großen, weiten Welt mit all ihren Möglichkeiten ablegen. Aus meiner kleinen fundamentalistischen Gemeindeblase auszusteigen, stellte sich als das größte Abenteuer meines Lebens heraus. Es war wie eine Metamorphose und ich hatte furchtbare Angst, dass ich nichts zu geben hatte und nicht überleben würde in der säkularen Welt, die bis dahin so einschüchternd auf mich gewirkt hatte. Ich kannte bis zu dem Zeitpunkt nur meine kleine, fundamentalistische Blase und »dort draußen« wartete so viel Unbekanntes auf mich. Ich stürzte in eine Identitätskrise, versuchte, mir meine Werte neu zusammenzusuchen und -zusetzen und dazu ein komplett neues Leben aufzubauen. Es war das Beste und Schmerzhafteste, was ich jemals getan habe, und es fühlt sich manchmal immer noch beängstigend an.

Aber ich bin nicht allein mit meinen Fragen, mit meinen Zweifeln und Unsicherheiten. Wir sind viele. Und das fühlt sich sehr tröstlich an. Vielleicht ist das auch, wie sich Glaube anfühlen sollte: »etwas beängstigend« und gleichzeitig »tröstlich«.

In dem ganzen Prozess wurde mir eines bewusst: Ich sehne mich nicht nach einem modernen Christentum, sondern nach einem authentischen, wahrhaftigen Christentum. Ich suche Jesus. Den Menschen, den Gott, den Prediger. Jesus, den Mann, der sich nicht zu schade war, an den Rand der Gesellschaft zu gehen und gleichzeitig der heuchlerischen religiösen Elite die Stirn zu bieten. Jesus, die Liebe, die Zugewandtheit, den Mann, der Menschen berührte.

Sehr treffend sagt die leider schon verstorbene Rachel Held Evans, dass sie dafür keine hippen Nebelmaschinen und Kaffeebars brauche, auch wenn diese natürlich motivierten, sich sonntags aus dem Bett zu hieven. Sie brauche und sehne sich voller Inbrunst vielmehr danach, Jesus in seiner tiefen Wahrheit nahezukommen.[2]

Um meine fundamentalistische, manchmal verurteilende Haltung abzulegen, musste ich mich dem Schmerz der Fragen stellen. Fragen, auf die es keine passende Antwort gab, oder keine, die wirklich befriedigend war. Ich musste mich dazu entscheiden, Veränderung zuzulassen und den Schritt in eine Zukunft zu wagen, die komplett dunkel und vernebelt vor mir lag. Ich startete in das größte Abenteuer meines Lebens. Niemals hätte ich gedacht, dass nach dem Nebel Sonnenschein kommen würde, der mein Herz mit so viel Freude und Liebe wärmt und mich lachend und befreit über die gefrosteten Wiesen tanzen lässt, die mit der Wintersonne um die Wette funkeln. In dieser Welt taut die Frühlingssonne langsam den kalten Winter weg. Die ersten Krokusse strecken ihre Köpfe aus der Erde. Es ist eine Welt, die langsam erwacht. In der noch viel unklar ist und in der ich mich Schritt für Schritt fortbewege, voller Dankbarkeit, dass ich hier angelangt bin.

Wenn wir uns aus der fundamentalistischen Gedankenwelt herauswagen, dann müssen wir uns für den Wandel und für Veränderung öffnen. Nicht stehenzubleiben kostet allerdings *viel* Mut. Man bewegt sich von Sicherheit über Zweifel hin zu einem verwandelten Glauben. Es geht dabei nicht so sehr um die Antworten, sondern um die Fragen, die man sich in diesem Prozess zu stellen wagt. Dieser Prozess ist bis heute für mich nicht abgeschlossen, vermutlich wird er das auch nie sein. Ich glaube aber, dass wir manchmal in unseren unfertigen, verletzlichen Prozessen näher an echten und tiefen Antworten sind, als wenn wir meinen, alles zu wissen.

Es ist meine eigene Geschichte, die mich zu einem ganzheitlichen und endlich authentischen Menschen hat heranwachsen lassen. Meine Geschichte hat einige Ecken und Kanten, auf die ich nicht stolz bin. Doch ich kann sagen: Ich habe überlebt und bin an den Tiefpunkten gewachsen. Vielleicht ähnelt sie auch deiner Geschichte. Meine Fragen sind höchstwahrscheinlich auch deine Fragen. Wir sind auf einer gemeinsamen Reise, die sich manchmal schmerzhaft, manchmal verzweifelt und doch oft auch wunderschön anfühlt. Meine Geschichte soll dir helfen, dich durch den Nebel zu bewegen. Ich nehme dich an die Hand und wir gehen gemeinsam.

◈ ◈ ◈

Meine eigene Reise startete in der Deutschen Demokratischen Republik, in einer der aktuell am meisten gehypten Städte Deutschlands: in Leipzig.

Ich wurde in einem Akademikerhaushalt geboren, und das zu DDR-Zeiten. Meine Eltern hatten Umwege in Kauf genommen und hart gearbeitet, um als Christen in der DDR studieren zu dürfen. Das war nur Wenigen vergönnt, und normalerweise musste man linientreu und der Partei ergeben sein, um zu einem Studium zugelassen zu werden. Ich war ein absolutes Wunschkind. Meine Mutter entschied sich damals, sich als Psychologin selbstständig zu machen, um drei Jahre mit mir zu Hause sein zu können. Nach dem Ende der DDR, als ich drei Jahre alt war, begann mein Vater eine Weiterbildung in Westberlin vom Justiziar zum Rechtsanwalt, um seinen Beruf weiter ausüben zu können und wurde einer der ersten Fachanwälte in Leipzig. Montag bis Freitag verbrachte er in Berlin und kam am Wochenende nach Hause, wo ich ihm sehnsüchtig wartend in die weit geöffneten Arme sprang. Für meine Eltern war die Umbruchszeit der Wende, wie für alle Betroffenen, herausfordernd. Es ging ums Überleben, darum sich zurechtzufinden im Kapitalismus, den man nie kennengelernt hatte. Es war eine Erlösung von einem alten System, das destruktive Züge hatte, und gleichzeitig ein komplett neues Leben, in dem alle eines Tages unvermutet aufwachten und sich zurechtfinden mussten. Für die Menschen, die nicht systemtreu gelebt und gedacht hatten, zu DDR-Zeiten unter Repressalien gelitten hatten, mitunter regelmäßig von der Stasi verhört worden waren, war die Nachwendezeit eine Zeit des Aufatmens angesichts der Meinungs- und Glaubensfreiheit. Nun waren nicht mehr nur die Gedanken frei.

Die Familie meines Vaters war und ist baptistisch, meine Mutter kommt aus einem pfingstlerischen* Elternhaus. Diese beiden Freikirchen* stehen einander durchaus nahe, unterscheiden sich aber vor allem in der Weise, wie sie vom Heiligen Geist denken. Dieser hat in einer sogenannten pfingstlich-charismatischen* Gemeinde große Bedeutung. Man praktiziert Geistesgaben*, wie das Zungengebet* und die Prophetie. Daraus erwächst allerdings manchmal das Gefühl, etwas besser zu sein als andere Christen, oder mehr von Jesus als bestem Freund, Heiler und Retter zu erleben. Insgesamt ist der Glaube hier beziehungsorientiert und lebensnah. Man betet als Teenager dafür, dass die Pickel auf der Stirn verschwinden, später dafür, dass man eine freie Parklücke oder einen passenden Ehepartner findet und natürlich für Gesundheit. Das Leben in einer Freikirche ist oft von enger Gemeinschaft geprägt, was ein Gefühl von familiärer Verbundenheit mit sich bringt. Das bewirkt einerseits Geborgenheit, kann aber auch übergriffige Züge annehmen, nämlich dann, wenn einem eigentlich fremde Menschen in das Privatleben hineinreden. Die Gemeinde ist ein Verein, in dem man sehr viel Zeit verbringt, im besten Fall eigene Gaben entdeckt und auslebt und der wie ein kleiner, abgeschlossener Kosmos funktioniert. Man entwickelt bisweilen eine eigene Sprache, lebt und denkt nur in der kleinen Gemeindewelt. Das gilt nicht pauschal für alle Gemeinden, doch in so eine enge evangelikale*, fundamentalistische Pfingstgemeinde wurde ich hineingeboren.

Eigentlich hatte ich darin eine schöne Kindheit, und erst später wurde mir klar, dass diese mir auch viel Trauma mitgab. Doch das erkannte ich erst, als ich als erwachsener Mensch nicht mehr Teil des Vereins war. Als ich mich in der kleinen Blase bewegte, fühlte sich alles normal und schön an. Bis ich eben irgendwann nicht mehr passte, bis ich Entscheidungen traf, die meine Gemeindefamilie als Fehlentscheidung ansah und nicht mittragen konnte. Bis ich aneckte und meine Authentizität auf die Probe gestellt wurde.

In meiner Kindheit verbrachte ich jeden Sonntag in einer Sonntagsschule für Kinder, die parallel zum Gottesdienst für verschiedene Altersgruppen angeboten wurde. Dort lernten wir Bibelgeschichten kennen, sangen christliche Kinderlieder wie »Sei ein lebend'ger Fisch« oder »Volltreffer Gottes«, beteten und warfen ein paar Pfennige als Spende in eine kleine Spardosen-Kirche. Das gesammelte Geld ging an Kinder aus einem fremden, armen Land. Ich war immer besonders stolz, wenn ich daran gedacht hatte, meine Mutter um Geld zu bitten. Dann durfte man mit vor Aufregung schwitzigen Händen aus dem Sitzkreis in die Mitte gehen und das Geld in den Schlitz des kleinen Kirchturms werfen. Dort klingelte ein kleines Glöckchen, ganz hell und laut. Je mehr Pfennige ich hatte, desto öfter konnte ich es klingeln lassen. Das war schön und ich war stolz, dass ich Kindern, die weniger hatten als ich, etwas Gutes tun konnte.

Jeden Sonntag lernten wir einen Vers aus der Bibel, den wir uns merken und am darauffolgenden Sonntag wieder aufsagen sollten. Zur Belohnung gab es Süßigkeiten. Ich lernte die Verse immer, es fiel mir leicht. Da mein Vater im Gemeindevorstand und auch meine Mutter ehrenamtlich sehr engagiert war, gingen wir jeden Sonntag in den Gottesdienst.

Ab der 1. Klasse gab es neben der klassischen Sonntagsschule noch einen Bibelkurs für Kinder, der einmal wöchentlich stattfand. Ich war fleißig, lernte vorbildlich alle Bibelverse auswendig und saugte alles Wissen auf. Schnell kannte ich alle wichtigen Bibelgeschichten und las meine erste Kinderbibel mehrfach durch. Ich bastelte kleine Schatztäschchen, in denen ich Bibelverse, die auf Karten geschrieben waren, verstaute, und heftete Bibelweisheiten in einen goldenen Ordner. Die Gemeindepädagogin nannte ich »Tante« und beim Vornamen. Sie gab sich große Mühe und brannte für ihren Beruf. Regelmäßig fuhren wir mit anderen Pfingstgemeinden zusammen auf Kinderfreizeiten, »Rüstzeit« genannt. Auch dort erlebten wir als Kinder Andachten, lernten Bibelverse und neue Lieder, bastelten und spielten. In dieser Zeit entstanden feste Freundschaften, wir teilten dieselbe Blase, den gleichen Glauben, waren auf eine Denkweise gepolt und wuchsen gemeinsam auf. Ich liebte diese Freizeiten. Liebte es, mit meinen Freundinnen zusammen zu sein und liebte auch die vielen Geschichten über Gott. Mein Kinderglaube war stark, voll von kindlichem Vertrauen, sicher und geborgen. Gott war mein himmlischer Vater, Jesus mein Freund. Meine Familie war meine feste Burg und mein Umfeld bestand, neben meinem evangelischen* Kindergarten und meiner Musikschule, in der ich Klavierunterricht bekam, nur noch aus meiner Gemeinde. Mein Leben war sicher und stabil.

Nach der Wendezeit erlebten auch die Schulen einen Umschwung, vor allem pädagogisch. Meine Eltern wollten mich auf einer neugegründeten evangelischen Schule unterbringen, wie sehr viele andere Eltern es mit ihren Kindern auch wollten. Die Plätze wurden ausgelost und meine Eltern hatten Glück: Ich durfte auf die Schule gehen. Sie gehörte zu einem evangelischen Kirchenkreis der lutherischen Landeskirche in Sachsen. Ich erlebte Schulgottesdienste und Andachten, aber auf andere, liberalere Weise. Langweilig erschienen mir die Gottesdienste, verkopft und ich konnte der Art, wie dort der Glaube gelebt wurde, wenig abgewinnen. So viel cooler war es doch, Jesus als Freund zu bezeichnen und eine persönliche Beziehung zu ihm haben zu können! Ich erlebte bei meinen Schulfreundinnen nicht, dass sie sich diese Glaubensebene zu eigen gemacht hatten. Ein einziges Mal nahm ich eine meiner Schulfreundinnen mit zu einem Gottesdienst in unsere Pfingstgemeinde. Es war eine Übertragung von einer evangelistischen Veranstaltung, Pro Christ, bei der nicht-gläubige Menschen Jesus kennenlernen und ihr Herz und ihr Leben Jesus sinnbildlich übergeben konnten und Christen wurden. Einen Tag nach dieser Veranstaltung sagte mir meine Freundin, dass ihre Eltern ihr verboten hätten, jemals wieder mitzukommen, denn es hätte so geklungen, als wäre unsere Gemeinde eine Sekte. Ich widersprach vehement, doch ein kleiner Stachel blieb. War unsere Gemeinde eine Sekte?

◈ ◈ ◈

Als ich 13 Jahre alt war, nahm ein Arbeitskollege meines Vaters meine beste Freundin Elli und mich mit in die Schweiz zu einer Freizeit für Jugendliche. Wir wussten nicht, was uns dort erwarten würde und waren voller Vorfreude auf eine Woche ohne unsere Eltern und mit neuen Freunden, die wir dort kennenlernen würden. In der Schweiz angekommen, sahen Elli und ich uns erschrocken an. Wie sahen die Mädchen denn hier aus? Sie waren in unserem Alter, trugen aber alle nur Kleider und Röcke, und zwar keine modernen, sondern altbackene, die bis zur Wade oder bis zum Knöchel reichten. Gehschlitze waren zugenäht worden. Wo waren wir hier gelandet? Wir meldeten uns an und wurden einer kleinen Gruppe von Mädchen zugeteilt. Zwei junge Frauen leiteten unsere Gruppe. Jeden Tag erlebten wir drei Gottesdienste: morgens, mittags und abends. In jedem dieser Gottesdienste saßen Jungs und Mädchen getrennt. Wir saßen rechts von der Bühne, immer relativ weit hinten. Jede Predigt wurde von einem älteren Mann namens Erlo gehalten und handelte von Simson und seinem Versagen.

Die biblische Erzählung von Simson ist die traurige Geschichte eines Antihelden: Simson war von Geburt an mit übermenschlicher Kraft ausgestattet. Die Quelle dieser Kraft waren seine prachtvollen, langen Haare. Simson war ein Auserwählter Gottes, er befreite sein Volk von der Unterjochung durch die Philister. Nur leider hatte Simson immer wieder auch Liaisons mit Philisterinnen. Zum Verhängnis wurde ihm Dalia, die ihn gegen Geld verriet. Sie brauchte vier Anläufe, um ihm das Geheimnis seiner Stärke zu entlocken, die eben in seinen Haaren lag. Als Simson ihr sein Geheimnis aber verraten hatte, schnitt sie ihm die Haare ab, als er bei ihr schlief. Simson wurde gefangengenommen und ihm wurden von den Philistern die Augen ausgestochen, sodass er blind wurde. In der Gefangenschaft wuchsen seine Haare aber nach und damit kam auch seine Kraft zurück. Er fand auch seine innere Stärke wieder und sein fester Glaube an Gott hat ihn niemals ganz verlassen. Bei einem Fest der Philister wurde er vorgeführt und zwischen zwei Säulen gestellt. Er legte seine Arme an diese Säulen und nahm Rache. Er stemmte sich gegen die Pfeiler und das ganze Haus stürzte ein. Mit ihm starben an die 3.000 Philister.

In Erlos Predigten, ging es dreimal am Tag darum, dass Simson die Augen ausgestochen wurden, weil er sich verliebt hatte. Simsons Leben endete tragisch, weil er sich der Sünde, nämlich der Liebe, hingegeben hatte, so Erlos Auslegung. Bei jeder von Erlos Predigten hatte ich das Gefühl, er würde nur mich ansehen. Vor den Predigten gab es kleine Theaterstücke, in denen jedes Mal ein Mädchen seine sexuelle Unschuld verlor, symbolisiert durch einen zerplatzten Luftballon oder ein zerbrochenes Glas. Doch wenn sie betete, bekam sie einen neuen Luftballon oder ein neues Glas. Die Unschuld des Jungen, der neben ihr stand, ging seltsamerweise jedoch nie verloren.

Jeden Tag sang ein großer Chor, der sogenannte Eurochor. In diesem, so wurde mir gesagt, durfte nur mitsingen, wer ohne Sünde war. Das führte dazu, dass zu Beginn des Gottesdienstes Jugendliche auf die Bühne gingen, um vor 1.000 anderen Jugendlichen ihre Sünden zu bekennen. Es waren in meinen Augen Lappalien. Besonders eindrücklich blieb mir in Erinnerung, dass sich ein junges, blondes Mädchen vor allen entschuldigte, weil sie beim Auftritt am Tag vorher einen Kaugummi gekaut hatte und das respektlos war. Ich schwankte zwischen Entsetzen, ungläubigem Lachen und dem Wunsch, das Mädchen in den Arm zu nehmen und ihr zu sagen, dass Kaugummikauen keine Sünde sei.

Abends traute ich mich, das Mädchen im Bett neben mir zu fragen, warum sie eigentlich alle Röcke und Kleider tragen würden. »Weil wir Christen sind«, antwortete sie. »Das verstehe ich nicht«, sagte ich. »Ich bin auch Christin und trage Hosen.« »Das steht so in der Bibel«, erwiderte sie. »Wenn du Hosen trägst, bist du nicht gläubig. Auch Schminke ist verboten.« »Aber wieso ist es auch verboten, sich zu verlieben? Man muss sich doch verlieben, um irgendwann zu heiraten?« »Wir dürfen uns nicht verlieben. Gott sucht uns einen Mann aus«. »Wie heißt eure Gemeinde?«, wollte ich wissen. »Kwasizabantu«, antwortete sie.

Ich schlief verwirrt ein. Am nächsten Tag wollte ich von unserem Schlafsaal aus ein paar Jungs beim Fußballspielen zuschauen. Meine Kleingruppenleiterin ließ aber die Jalousien herunter und verbot mir, Jungs auch nur anzuschauen. Stattdessen drückte sie mir etwas zum Sticken in die Hand. Ich seufzte. Ich wollte nicht sticken, ich wollte Fußballspielen. Und wieso hatte ich nicht die Wahl? Wo war ich hier gelandet, was war das für eine verrückte Gemeinde? Am selben Abend sprach der Prediger wieder über die Sünde der Liebe und wieder hatte ich das Gefühl, er würde mich direkt ansehen. Ich saß am Rand, trug Hosen und vermutete, dass wahrscheinlich alle anderen außer meiner besten Freundin dachten, ich wäre voller Sünde und eine Heidin. Das amüsierte mich. Ich schminkte mich die ganze Woche und versuchte den Mädchen, die mit ihrem Glauben haderten, weil sie der Enge ihrer Gemeinde entkommen wollten, zu erklären, dass es einen viel freieren Glauben gab und Jesus nichts mit dem zu tun hatte, was sie auf dieser Bühne erlebten.

Wie skurril das Ganze war, macht ein Erlebnis mit meiner besten Freundin deutlich: Sie versuchte, den Regeln der Gruppe gerecht zu werden und wollte, wenn alle Röcke tragen, eben auch einen Rock anziehen. Eingepackt hatte sie aber nur einen Minirock. Den zog sie an einem Tag an. Dazu ein bauchfreies Top. Die Gruppenleiterin fragte entgeistert, ob sie denn wirklich so herumlaufen wolle. »Ja«, sagte Elli. »Aber es ist sehr kalt draußen«, meinte die Leiterin. Elli bemerkte nicht, was die Gruppenleiterin eigentlich meinte, und antwortete freundlich: »Mir ist warm genug, danke!« Ich schmiss mich innerlich weg vor Lachen, sagte aber nichts. Als ich nach Hause fuhr, wusste ich, dass wir wohl Urlaub bei einer Sekte gemacht hatten und ich dachte, dass meine eigene Gemeinde der Inbegriff von christlicher Freiheit und Glauben war. Die Erfahrung in der Schweiz bestärkte mich, auf dem richtigen Weg zu sein und ich ahnte nicht, wie toxisch doch auch das war, was ich im Alltäglichen erlebte, weil die Enge und die strengen Normen dort viel versteckter und weniger offensichtlich wirkten.[3]

◈ ◈ ◈

Die Anfänge der Pfingstbewegung* sind mit dem Namen William Seymour, der von 1870 bis 1922 lebte, verbunden. Der Afroamerikaner begann nach einer Ausbildung an einer Bibelschule im Jahr 1906 in einer Kirche in der der Azusa Street in Los Angeles zu predigen. Seine Versammlungen erfuhren großen Zulauf und es entstand die *Apostolic Faith Mission*, die als Ursprung der Pfingstbewegung gilt. In den unkonventionellen Gottesdiensten der Bewegung bekannten die Gläubigen ihre Sünden, sprachen in unverständlichen Lauten (was auch als Sprachengebet bezeichnet wird) und erlebten das Wirken des Heiligen Geistes, auch durch Wunderheilungen. Dass Glauben so unmittelbar erfahrbar wurde, war neu für die Menschen. In den Gottesdiensten verschwammen Rassen-[4] und Geschlechtergrenzen, nur die gemeinsame Gottesbegegnung war wirklich wichtig.[5] Viele Frauen entdeckten hier ihre Berufung und waren später in der pfingstlich-charismatischen Bewegung als Predigerinnen tätig. Sie füllten ganze Hallen und sprachen über Gott, beteten um Wunder, darunter zum Beispiel Kathryn Kuhlman, die sogar geschieden war. Sie wirkte in ihren Anfängen vor allem in baptistischen Kirchen und prägte durch ihre Heilungsgottesdienste die charismatische Szene. Es entstand eine Erweckungsbewegung, die direkt aus dem Volk kam, in der Laienprediger und Laientheologen auf den Bühnen standen. Die Bewegung war nicht durch eine Institution gesteuert und breitete sich schließlich über die ganze Welt aus.

In Sachsen wurde Heinrich Vietheer zu einer bedeutenden Figur für die Pfingstbewegung. Er war zunächst Prediger, trennte sich dann von der Pfingstbewegung, hielt aber weiter Zeltmissionen ab und predigte im pfingstlerischen Sinne. Aus seiner 1922 gegründeten Zeltmission Berlin-Lichterfelde e.V. entstand 1926 in Hamburg die erste »Christengemeinde Elim«, danach gab es weitere Gründungen von Elim-Gemeinden in Sachsen, die sich nach dem Zweiten Weltkrieg zunächst dem Bund Evangelisch-Freikirchlicher Gemeinden in der DDR und nach der Wende dem Bund freikirchlicher Pfingstgemeinden* anschlossen.[6]

Pfingstgemeinden betonen in der Regel die Priesterschaft und das Prophetentum aller Gläubigen. Für sie ist das lutherische Verständnis einer Rechtfertigung allein durch den Glauben sehr wichtig. Im Zentrum des spirituellen Bemühens steht der Wunsch nach Heiligung des eigenen Wesens und Charakters, was auch den Glauben umfasst, dass Krankheiten durch Gottes Wirken geheilt werden können. Pfingstgemeinden erwarten Jesu Wiederkunft auf der Erde in naher Zukunft. Wichtig als Erkennungsmerkmal für die Pfingstbewegung ist die sogenannte »Geistestaufe«, eine Erfahrung besonderer Erfüllung mit dem Heiligen Geist in Anlehnung an die Erfahrung der Apostel Jesu, wie sie in der Apostelgeschichte geschildert wird. Als Zeichen der erfahrenen Geistestaufe gilt oft die Fähigkeit »in Zungen« zu beten, was auch als Glossolalie oder Zungenrede bezeichnet wird.

Die Pfingstbewegung ist der weltweit am stärksten wachsende Zweig des Christentums, besonders im globalen Süden. In Deutschland hat der Bund freikirchlicher Pfingstgemeinden laut Wikipedia circa 900 Gemeinden und 65.000 Mitglieder. Dabei werden Kinder und nicht eingetragene Mitglieder, also Besucher, nicht mitgezählt.

Thorsten Dietz nennt in seinem Buch »Menschen mit Mission« vier typische Wesensmerkmale der Pfingstbewegung: Pfingstler sind bibel- und christusorientiert. Für sie sind Bekehrung*, also ein bewusstes Übergeben des eigenen Lebens an Jesus in Form eines Gebets, genauso wie Mission und sozial diakonische Aktionen, wichtig. »Pfingstler unterscheiden sich von Evangelikalen, aber letztlich gehören sie zu diesem Frömmigkeitsspektrum«, hält Thorsten Dietz fest.[7]

Außerdem, so hält Dietz fest, wirkt Gott für Pfingstler durch Zeichen und Wunder, nicht nur zu biblischen Zeiten, sondern auch heute. Er heilt, er schenkt Prophetie und Visionen, die Gabe der Zungenrede, die der Erkenntnis, um zu lehren und noch vieles mehr. Gott ist erfahrbar und erlebbar. Gott ist zudem durch Jesus den Menschen nahegekommen. Pfingstler erfahren die unmittelbare Nähe zu Gott auch im Privaten. Sie hören Gottes Stimme im Gebet, empfangen Bilder, segnen einander und rechnen damit, dass der Heilige Geist sie tröstet und sie im Alltag begleitet. Viele kleine Alltagswunder zeigen Gottes Interesse an jedem Einzelnen und sie beten um Gottes klare Führung durch ihr Leben.

Dabei zeigen Pfingstler, so hält Dietz fest, eine hohe Bereitschaft zur Innovation. Sie lassen sich vielfach auf neue Strömungen ein, sind meist offen für neue Medien und moderne Musik. Rockbands auf der Bühne im Gottesdienst, um Gott anzubeten, sind keine Seltenheit. Dazu Nebelmaschine und Scheinwerfer und junge, moderne Prediger. Frauen dürfen predigen und werden in den meisten Fällen auch als Pastorinnen ordiniert. Doch so offen und frei sie auch in ihrer Gotteserfahrung wirken, so beengt und streng ist oftmals ihre Theologie. Das ist zumindest meine persönliche Erfahrung.

◈ ◈ ◈

»Gold steht für den Himmel. Schwarz für die Hölle.« Die Gemeindepädagogin heftete diese beiden Farben an die grüne Flanellwand, die mitten im Raum stand. Ungefähr zehn Kinder waren zum wöchentlichen Kinder-Bibelunterricht gekommen. Neben mir saß meine beste Freundin Elli. Wir schrieben uns kleine Briefchen im Unterricht, so wie es 12-jährige Mädchen gern machen. Es war langweilig und wir hatten uns viel mitzuteilen. »Hannes guckt immer zu dir rüber«, schrieb sie mit ihrem blauen Füller. »Mir gefällt seine neue Frisur nicht«, antwortete ich. Ich faltete den Zettel zusammen und schob ihn zu ihr hinüber. Meine Freundin lächelte fast unmerklich beim Lesen.

In unseren Bibelunterricht kamen nicht nur die Kinder der stetigen und treuen Gemeindemitglieder, sondern auch »Kinder von der Straße«, wie man sie uns gegenüber nannte. Unsere Gemeindepädagogin war ständig unterwegs, sprach auf der Straße Kinder an, traf deren Eltern und holte sie dann zum Bibelunterricht ab, damit sie Jesus kennenlernen könnten. Ich wendete meine Aufmerksamkeit wieder der Flanelltafel zu. Ein weißes Herz prangte nun neben Gold und Schwarz an der Tafel. »Hier seht ihr ein weißes Herz«, sagte die Gemeindepädagogin. »Es ist frei von Sünde. Doch was passiert nun?« Sie heftete einen kleinen, schwarzen Punkt auf das weiße Herz. »Weiß jemand, was es damit auf sich hat?«, fragte sie und blickte in die Runde. Ich meldete mich beflissen: »Das ist die Sünde«, sagte ich. Sie nickte. »Genau, sehr gut, Priska. Das ist die Sünde.« Nun nahm sie ein großes Stück schwarzes Flanell und füllte damit das ganze weiße Herz aus. »Ihr müsst wissen: Wenn nur ein schwarzer Punkt in eurem Herzen ist, ist damit euer ganzes Herz schwarz. Und was passiert dann?« Ich meldete mich wieder, ich wusste die richtige Antwort. »Man kommt in die Hölle«, sagte ich eifrig. Ich war stolz, dass ich alles wusste. Sie nickte. »Genau. Aber wir können Gott um Vergebung bitten. Dann wird das schwarze Herz wieder weiß und wir können in den Himmel kommen, wenn wir sterben.« Das leuchtete mir ein. Nur, wie um alles in der Welt weiß ich denn, ob ich einen schwarzen Punkt im Herzen trage? Ist es schon Sünde, wenn ich meiner besten Freundin schreibe, dass ich Hannes' neue Frisur nicht schön finde? Komme ich damit in die Hölle? Die harten Worte unserer Gemeindepädagogin brannten sich tief in meine kindliche, empfängliche Seele, die alles glaubte, was einem die Erwachsenen erzählten und man nicht herausfiltern konnte, was wirklich stimmte. Sechs Jahre später erlebte ich noch einmal eine Situation, in der sich meine Angst vor der Hölle weiter verfestigte.

»Und dann bin ich in der Hölle gelandet!« Der dunkelhäutige Mann vorn auf der Bühne gestikulierte wild und machte dann eine Pause, die seinen Worten nur umso mehr Kraft verlieh. Die

Zuschauer hielten die Luft an vor Spannung. Er war in der Hölle! Wow! Wo hatte man so etwas schon mal gehört? Um mich herum saßen tausende Menschen. 20.000 Menschen passten in das Friedrich-Ludwig-Jahn-Sportstadion, in dem wir uns gerade befanden. 25.000 waren es angeblich, die 2003 zur Pfingsteuropakonferenz nach Berlin gereist waren.

Wir lauschten gebannt, was uns von der Bühne aus erzählt wurde. »In der Hölle war es furchtbar. Dunkel und heiß. Wie glühendes Feuer. Es war beängstigend und hoffnungslos. Ich stand dort und schrie zu Gott. Ich sagte: ›Jesus, warum bin ich hier? Bin ich gestorben? Aber warum bin ich an diesem Ort und nicht im Himmel bei dir?‹« Der Sprecher wusste um die gewaltige Wucht seiner Worte und schwieg wieder.

Auch die Zuhörer waren still, sie hielten den Atem an. Wenn er in der Hölle gelandet war, könnten wir dann nicht alle dort landen? Ich dachte immer, wir wären gerettet, weil wir an Jesus glaubten. Dann müsste mir doch ewige Errettung zugesprochen sein. Aber scheinbar hatte ich mich geirrt und dem war nicht immer so. »Und dann sah Jesus mich an und sprach: ›Du hast deiner Frau nicht vergeben nach eurem Streit heute Morgen. Du bist mit einem Herzen, dass nicht vergeben wollte, in dein Auto gestiegen. Ja, du hast sogar in deinem Groll gesagt: ›Nein, ich will nicht vergeben. Ich bin wütend!‹ Und in dem Moment ist das andere Auto in deines hineingerast und du bist hier gelandet. Denn siehe, in meiner Schrift steht Folgendes:

»Und wenn ihr steht und betet, so vergebt, wenn ihr etwas gegen jemand habt, damit auch euer Vater, der in den Himmeln ist, euch eure Übertretungen vergibt.« (Markus 11,25)

›Du hast deiner Frau nicht vergeben wollen, also kann auch ich dir nicht vergeben.‹

Aber, und da legte Jesus die Hand auf meine Schulter und sprach: ›Deine Zeit ist noch nicht gekommen, ich schicke dich zurück. Berichte, was du hier erlebt hast.‹ Und wenige Sekunden danach wachte ich in einem Operationssaal wieder auf.«

Ich starrte den Sprecher an. Ich konnte nicht glauben, was er gerade erzählt hatte. Da ich weiter hinten saß, konnte ich seine Mimik nicht erkennen. Reinhard Bonnke, ein sehr bekannter deutscher Evangelist* klopfte ihm anerkennend auf die Schulter. Es war Frühsommer, die Sonne knallte vom Himmel, aber mir war kalt. Hatte ich gerade richtig gehört? Ich kann in der Hölle landen? Wieso hat er nicht noch mehr von Jesus erzählt? Wieso kann Jesus nicht vergeben? Sind ihm die Hände gebunden aufgrund einer Bibelstelle? Wie sieht die Hölle aus?

Ich hatte mehr Fragen als Antworten und vor allem kroch mir panische Angst den Rücken hoch und krallte sich in meinem Kopf fest. Mir fiel ein, wie meine Sonntagsschullehrerin uns sonntags im Kindergottesdienst das weiße Herz gezeigt hatte. Ich dachte daran, wie sie einen kleinen schwarzen Punkt daraufgeheftet und gesagt hatte: »Eine kleine Sünde bewirkt, dass euer ganzes weißes und reines Herz schwarz, verdreckt und voller Sünde ist. Und damit könnt ihr nicht vor Jesus kommen.« Das hatte mir damals als Kind eingeleuchtet und heute bekam ich scheinbar die Bestätigung dafür. Es war also tatsächlich wahr! Aber woher sollte ich jede kleine Sünde erkennen? Wie oft lästerte ich doch mal versehentlich. Wie oft war ich mal kurz neidisch oder log meine Eltern an. Notlügen, selbstverständlich. Ich war 17 Jahre jung! Ich war so voller Fehler, alles andere als perfekt.

Ich warf einen kurzen Blick zu meiner besten Freundin, die neben mir saß. Ob es ihr gerade genauso ging wie mir? Sie schrieb sich gerade mit einem blauen Kugelschreiber »Halleluja« auf den Arm. Offenbar hatte sie nicht aufgepasst. Die Tage waren auch sehr vollgepackt und lang, voller Veranstaltungen, Evangelisationen und Events. Wir waren mit ein paar Freunden aus unserer Leipziger Pfingstgemeinde nach Berlin gefahren. Direkt nach dem ökumenischen Kirchentag fand nun diese Pfingsteuropakonferenz statt. Überall in der Stadt wurde gesungen, gebetet, evangelisiert und wir waren mittendrin. Nur, dass ich bei all diesen Aktionen bisher nicht aktiv mitgemacht hatte und auch keine Ambitionen hatte, das zu ändern. Trotzdem begeisterten mich die vielen Menschen, mit denen ich den Glauben teilen konnte. So viele, die für das Wirken des Heiligen Geistes beteten und für Erweckung, also dafür, dass alle Menschen in Deutschland und weltweit zu Jesus finden würden.

In jenem Gottesdienst ergriff nun Reinhard Bonnke das Wort und bat uns aufzustehen und gemeinsam zu beten. Er selbst war dafür bekannt, mit Wundern zu evangelisieren. Heilungen von Krankheiten, Exorzismen, Totenerweckungen und ekstatische Erfahrungen waren Mittel seiner evangelistischen Praxis. Daher war es nicht verwunderlich, dass er ein paar Sekunden später darum bat, dass alle, die vor dem lodernden Höllenfeuer gerettet werden wollten, nach vorn zur Bühne kommen sollten, um ihr Leben Jesus zu übergeben. Aber auch alle Kranken sollten zu ihm nach vorne kommen. Er höchstpersönlich wollte für sie beten und wir sollten Gottes Kraft erleben.

Ich war gespannt. Würden wir nun tatsächlich Zeuge eines Heilungswunders werden, für die er so bekannt war? Und tatsächlich, nur eine Minute später, gab es vorn an der Bühne einen kleinen Aufruhr. Ich stellte mich auf die Zehenspitzen, um besser sehen zu können, aber ich konnte nicht erkennen, was genau los war. Ich ärgerte mich etwas, gern wäre ich näher an der Bühne gewesen. Nun hörte man Reinhard Bonnke wieder, wie er ins Mikrofon »Halleluja« und »Amen« rief und ich sah, wie Menschen einen Rollstuhl auf die Bühne trugen und daneben ein Mann lief. Scheinbar war er aus dem Rollstuhl aufgestanden. Ich konnte es nicht sehen und es ging etwas zu schnell für mich.

Ich setzte mich auf meinen Klappstuhl. Das Stadion war voller betender Menschen, die sangen und laut rufend ihre Hände in den Himmel streckten. Ich saß auf meinem Stuhl und dachte nach: Sollte es nicht eigentlich so sein, dass Glaube von innen kommt und keine sichtbaren, zur Schau gestellten Wunder braucht? Sagt Jesus in der Bibel nicht selbst, dass diejenigen selig seien, »die nicht sehen, und doch glauben«? Und hat er denjenigen, die er selbst geheilt hatte, nicht sogar verboten, anderen davon zu erzählen? Braucht mein eigener Glaube Beweise, damit ich glauben kann? Kann es sein, dass der Prediger mit Heilungen und Höllenangst, die Menschen zu Bekehrungen bringen, vielleicht sogar zwingen, möchte? Ist das nicht eigentlich Manipulation? Könnte ich auch ohne diese scheinbaren Beweise von Gottes Existenz glauben? War mein Glaube stark genug dafür?

Wenig später saß ich wieder neben meiner besten Freundin, diesmal in der U-Bahn. Wir fuhren durch den Bahnhof Zoo. Da stand plötzlich ein Mann mit einer Gitarre auf und begann, christliche Lobpreislieder zu singen. »Du bist gut Herr, wahrhaft gut, Herr. Darum komme ich jetzt zu dir. Du bist gut, Herr. Machst mir Mut, denn deine Treue lässt mich nicht im Stich.« Einige Menschen in der Bahn sangen mit. Ein richtiges Wir-Gefühl entstand. Wir waren Geschwister im Glauben. Und wir waren richtig viele. Die anderen Fahrgäste, die nicht zur Pfingstkonferenz gehören, schauten verstört oder angestrengt aus dem Fenster, während der Chor zur Ehre Gottes immer mehr anschwoll. Ich schämte mich fremd und schämte mich vor Jesus und meinen Glaubensgeschwistern, dass ich mich schämte. Ich schämte mich für meinen Glauben! Sofort fiel mir auch wieder ein Bibelvers ein, der mich in die Verdammung schickte. *»Denn wer sich meiner und meiner Worte schämt, dessen wird der Sohn des Menschen sich schämen, wenn er kommt in seiner Herrlichkeit und des Vaters und der heiligen Engel.« (Lukas 9,26)*

Ich war wirklich verloren. Da ich mich nicht schämen wollte, lächelte ich den Gitarrenspieler freundlich an und wippte mit dem Fuß. Zu mehr konnte ich mich nicht hinreißen, zumal er auch noch nicht mal sonderlich gut Gitarre spielte. Vor meinem inneren Auge spielten sich die Szenen des Tages noch einmal ab. Höllenqualen. Unvergebenheit, die ewige Verdammnis mit sich bringt. Menschen in Ekstase, weil sie so voller Sehnsucht nach Beweisen für Gottes Existenz sind. Ich sehnte mich nach Ruhe, nach meiner Isomatte und meinem Schlafsack. War mein Glaube zu klein, weil ich Zweifel hatte? War ich zu liberal geworden und brannte zu wenig für den Herrn? Ich wusste, ich konnte mit niemandem darüber sprechen. Ich spürte: Wenn ich meine Gedanken laut aussprechen würde, dann wären sie wie freigelassen. Ich würde sie nicht wieder einfangen können und mein Glaube wäre in Gefahr. Aber ich wollte glauben. Ich wollte das, was mein Leben ausmachte, nicht verlieren und ich wollte vor allem und auf gar keinen Fall in der Hölle landen. Also vergrub ich all das in mir und betete leise in meinem Herzen: »Jesus. Vergib mir all das, für das ich vergessen habe, dich um Vergebung zu bitten. Ich will bei dir sein, wenn ich mal sterbe. Ich will unbedingt alles richtig machen, aber ich mache irgendwie gar nichts richtig. Das war komisch vorhin mit dem

Rollstuhl. Es sah aus, als wäre es eine Show. Aber würde ein Evangelist, den du berufen hast, so etwas tun? Wenn ich kleingläubig bin, dann verzeih mir und ersetze meinen Kleinglauben mit einem sehenden und wachsenden Glauben. Amen.« Seltsamerweise wusste ich, dass Jesus über jeder Show, jeder Denomination, jeder Religion und jeder subjektiven Wahrnehmung seiner selbst steht. Er ist schließlich Gottes Sohn. Wir können ihn nicht formen oder in Boxen packen, die uns gefallen. Wenn er existiert, dann steht er über allem. Wenn es ihm wichtig ist, wer wir als Menschen sind, dann hat er Interesse an einer persönlichen Beziehung zu mir. Und egal, ob ich das verstehe oder nicht: Daran halte ich mich fest.

◈ ◈ ◈

Ich ging wie schon erwähnt auf eine freie evangelische Schule, deren Trägerin die sächsische Landeskirche war. Wir diskutierten tatsächlich auch manchmal als Kinder in den Pausen über unseren Glauben. Mit Interesse und Erstaunen hörte ich meinen Klassenkameradinnen zu und stellte fest, dass deren Pfarrer ihnen eine ganz andere Theologie vermittelte. »An die Hölle glaube ich nicht«, sagte die eine. »Dämonen gibt es nicht«, eine andere. Ich überlegte, ob ich vielleicht tatsächlich den einen wahren Glauben hatte, die wahre Erkenntnis und die einzig wahre, innige Beziehung zu Jesus als meinem Freund, so wie es uns in meiner freien Gemeinde beigebracht worden war. Aber da ich vollkommen allein mit meiner Überzeugung war, dass sowohl die Hölle als auch Dämonen tatsächlich existierten, war ich mir nicht mehr sicher, was ich glauben sollte. Wenn da nicht meine persönlichen Erlebnisse gewesen wären.

Als Einzelkind begleitete ich meine Eltern zu allen Veranstaltungen, zu denen sie eingeladen waren. Beide waren Freiberufler und in ihrer Freizeit sehr aktiv im Glaubens- und Gemeindeleben engagiert. In meiner Grundschulzeit besuchten sie an den Wochenenden regelmäßig eine Weiterbildungsstätte für christliche Therapie und machten dort einen Abschluss. Da ich eine sehr gute Schülerin war, durfte ich immer mal wieder freitags in der Schule fehlen und das Wochenende in den Tagungshäusern verbringen. Einmal waren wir in einem Schloss bei Rothenburg ob der Tauber. Es war fantastisch. Ich liebte es, durch die hohen Räume zu laufen und mir vorzustellen, ich sei eine Prinzessin. Ein anderes Mal, im Sommer, pflückte ich wilde Blumen auf einer riesigen Wiese, stromerte durch den Wald und baute eine Bude. An den meisten Wochenenden, an denen ich meine Eltern begleitete, las ich Bücher oder schrieb selbst Geschichten in leere Notizbücher. Manchmal saß ich mit meinen Eltern im Seminarraum und lauschte, wie die Dozenten über Heilung von Traumata oder Kindheitswunden sprachen, und hatte hinterher viele Fragen.

Ein anderes Mal, ich war circa elf Jahre alt, waren wir eine Woche lang in Österreich bei einem Seminar, in dem es um geistliche Kampfführung ging. Das hatte nichts mehr mit der seelsorgerlich therapeutischen Ausbildung zu tun, vermutlich wollten meine Eltern nur neue Dinge über Gott und ihren Glauben lernen. Auf diesem einen Seminar saß ich die ganze Zeit neben ihnen und bastelte und zeichnete selbst ausgedachte Mode- und Pferdezeitschriften. Manchmal hörte ich zu, denn der Sprecher erzählte ganz unwahrscheinliche und aufregende Geschichten über die Existenz von Dämonen und okkulten Einflüssen und erklärte den Seminarteilnehmern, wie sie böse

Geister aus ihrem Leben verbannen könnten. Er teilte eine Liste mit esoterischen Dingen aus, die Einflüsse auf Kinder und Erwachsene haben, und die man deshalb tunlichst meiden sollte. Ich las mir die Liste durch. Dort standen die Glücksbärchis neben Rockmusik und Talismanen als Überträger satanischer, dämonischer Mächte in Kinderzimmern.

Ich stutzte. Rockmusik? Ich hatte eine Kassette von Whitney Houston zu Hause. »Mama«, flüsterte ich. »Mama, muss ich die Kassette von Whitney Houston wegwerfen? Hier steht, dass die okkult sein könnte.« »Ich weiß es nicht, Schatz«, antwortete sie. »Frag doch den Prediger.« Ich befolgte ihren Ratschlag und ging zu dem Seminarleiter. Dieser sagte mir, dass ich, wenn ich unsicher sei, die Kassette besser wegwerfen sollte. Ich wunderte mich etwas über seine Antwort. Stand es nicht schwarz auf weiß auf der Liste, die er ausgeteilt hatte? Auf Rat des Mannes landete die Kassette als wir wieder zu Hause waren im Müll.

Später in meinen Teenagerjahren hörte ich zwar auch wieder Radio, war großer Backstreet Boys Fan und besaß auch wieder CDs von anderen säkularen Künstlern, aber das Wochenendseminar in meiner Kindheit hatte in mir eine Angst ausgelöst, die ich bis zu dem Zeitpunkt nicht gekannt hatte. Regelmäßig bekam ich ein schlechtes Gewissen und kompensierte es damit, dass ich mir vermehrt Musik von christlichen Künstlern kaufte, bewusst darauf achtete und Sorge hatte, die säkulare Musik könnte doch satanischen Einfluss auf mein Leben haben.

Ich hatte ein schlechtes Gewissen und zugleich einfach Angst, ich könnte mit dem Hören von Musik oder durch eine andere Sünde den Dämonen ein Einfallstor bieten. Und als Sünde galten allein schon Gefühle wie Neid, sexuelle Sehnsucht oder sogar schon Angst an sich.

Zugleich fragte ich mich immer wieder, ob ich nicht einer falschen biblischen Lehre aufgesessen sein könnte, aber die Predigten der Pastoren sagten mir etwas anderes und einschneidende Erlebnisse meiner Kindheit schienen deren Aussagen zu bestätigen:

Ich hatte als Kind ein Buch vom Räuber Hotzenplotz zu Hause. Niemand hatte es mir vorgelesen und als Erstklässlerin starrte ich den furchteinflößenden Mann mit dem schwarzen Hut immer an und ängstigte mich. Ich träumte regelmäßig von ihm und hatte im Traum die Fähigkeit, fliegen zu können. So manches Mal rettete mich dieses wundersame Können aus gefährlichen Situationen, in die ich in meinen Träumen geriet. Heute erkenne ich, was für eine wunderbare, starke Erfahrung der Selbstwirksamkeit ich hier eigenständig gemacht habe. Ich hatte in meinen Träumen innere Stärke und eine Kraft gefunden, um mich aus ausweglosen Situationen zu befreien. Doch die Angst vor schwarz gekleideten Männern, die ähnlich aussehen wie Räuber Hotzenplotz, verfolgten mich regelmäßig in den Schlaf.

Eines Nachts wachte ich auf, weil unser Gartentor klapperte. Wir wohnten in einem kleinen, süßen Reihenhaus, mein Zimmer war unter dem Dach und wenn ich aus dem Fenster schaute, konnte ich direkt das Gartentor sehen. Mein Fenster war in dieser Nacht angekippt und das Klappern ließ mir keine Ruhe. Ich war elf Jahre alt. Ich kletterte mit nackten Füßen auf meinen Schreibtisch und schaute, was das Gartentor zum Klappern brachte. War es der Wind? Ich erschrak. Ein schwarz gekleideter Mann mit Augen wie Feuer, bösartig und beängstigend, stand direkt vor unserem Tor. Er starrte zu mir hinauf, während ich zu ihm hinabsah. Ich fing an zu schreien. Ich rannte eine Etage tiefer zu meinen

Eltern ins Schlafzimmer und schrie: »Ein Einbrecher!« Bestimmt war er inzwischen schon an unserer Haustür angekommen.

Ich riss meine Eltern mit meinem Geschrei aus dem Schlaf. Sie standen auf und gingen ans Fenster ihres Schlafzimmers. Es lag in einem völlig anderen Winkel, doch auch von dort aus konnte man an einem großen Busch vorbei direkt zum Gartentor sehen. »Da ist niemand«, sagten sie. Ich wurde noch panischer. Vielleicht war der Mann doch schon an der Haustür! Mein Vater drehte sich zu mir um und sagte: »Wo steht er denn, Priska?« Ich ging ans Fenster und die Panik hatte mich fest im Griff als ich ihn immer noch dort sehen konnte: Vor dem Gartentor. Schwarze Kleidung. Feueraugen, die mich direkt ansahen, mich durchbohrten. Es war real. Ich zeigte auf ihn, schrie: »Da ist er!«

Mein Vater nutzte sein jüngst erworbenes Wissen über dämonische Kräfte und betete, dass Satan im Namen Jesu verschwinden solle. Nach seinem Gebet beruhigte sich die panische Stimmung und Frieden breitete sich aus. Ich wurde ruhig. Der böse schwarze Mann war verschwunden. Die Albträume in den darauffolgenden Nächten blieben jedoch. Ich schlief die meiste Zeit bei meinen Eltern im Bett.

Nur zwei Wochen später wurde ich nachts wach und sah dämonische Fratzen am Schlafzimmerfenster meiner Eltern tanzen. Sie streckten mir die Zunge heraus, bleckten ihre hässlichen Zähne. Ich hatte Angst, weckte meinen Vater neben mir. Der hatte inzwischen Übung. Er betete im Namen Jesu und die Fratzen verschwanden.

Meine Furcht vor Satan, den Dämonen und der Hölle blieb. Jetzt hatte ich Dämonen wirklich gesehen. Niemals wollte ich so etwas wieder erleben müssen! Ich entwickelte eine Bewältigungsstrategie für dieses Trauma und betete von nun an 15 Jahre lang, wann immer ich nachts panische Angst bekam, das Gefühl hatte, Satan könnte meinen Raum betreten, dass der »Geist der Angst im Namen Jesu verschwinden möge«. Ich betrieb eine Art Hausfrauen-Exorzismus, wie ich es heute sagen würde.

Es wurde nicht einfacher, als ich im weiteren Leben immer wieder auf tatsächliche Exorzismen stieß, die im charismatisch-fundamentalistischen Umfeld tatsächlich noch ausgeübt wurden. Man glaubte, dass dämonische Mächte die Welt beherrschen und nicht nur das: sogar Menschen besetzen und krank machen könnten. Diese Dämonen werden durch Gebete aus dem Menschen ausgetrieben. In unserem heutigen Verständnis des Menschen ist diese Vorgehensweise problematisch. Damals nahm ich es als gegeben hin.

Auch meine persönliche Entscheidung für Gott und für die Taufe, beruhte auf einer solchen von mir als übersinnlich wahrgenommenen Erfahrung. Ich war mit 14 Jahren gemeinsam mit meiner Cousine auf einem internationalen christlichen Jugendfestival. Wir sangen mit Tausenden anderen Jugendlichen Lieder zu Gott, beteten ihn an, tanzten, lachten und waren voller Adrenalin und Emotionen. Wir wollten uns Gott ganz hingeben. Ich sehnte mich so sehr danach, sündlos zu sein, einfach gut genug, um vor Gott bestehen zu können. Ich wollte ihm alles geben, mich ihm hundertprozentig opfern, immer in der Hoffnung, dass es genug ist. Nach der Freizeit fuhr ich mit meinen Eltern und meinen beiden Brüdern, die mittlerweile geboren worden waren, nach Dänemark. Dort machten wir in einem Ferienhaus Urlaub. Ich schlief abseits vom Rest meiner Familie in einem Zimmer am Ende des Flurs. Das Haus war dunkel und muffig. Ich fühlte mich nicht wohl und da ich immer noch mit nächtlichen Ängsten zu kämpfen hatte, schlief ich abends nur bei offener

Tür und Licht im Flur ein. An einem Abend, als meine Familie schon schlief, las ich noch längere Zeit in einem Roman. Auch als ich schon das Licht in meinem Zimmer ausgemacht und mich entschlossen hatte zu schlafen, war ich unruhig.

Plötzlich entdeckte ich im Flur einen Schatten. Er sah aus, als würde er zu einem Mann mit Hut gehören. Ich erschauderte. Doch als 14-Jährige versuchte ich, rational zu bleiben. *Das kann ja nur eine Garderobe sein, die diesen Schatten wirft,* sagte ich zu mir selbst. *Du bildest dir nur ein, dass der Schatten aussieht wie Räuber Hotzenplotz*! Doch die Angst blieb und ich beobachtete den Schatten ganz genau. Er bewegte sich nicht. *Es war auf jeden Fall die Garderobe! Hatte mein Vater einen Hut in den Urlaub mitgenommen? Nein, hatte er nicht. Und im Flur stand auch überhaupt kein Garderobenständer!* Ich bekam Panik, war ich doch ganz allein in diesem Teil des Ferienhauses. Ich wollte nicht schreien, falls tatsächlich Einbrecher da sein sollten, wollte ich nicht auf mich aufmerksam machen.

Ich entschied mich, Jesus um einen Deal zu bitten und rutschte so leise ich konnte unter meine Bettdecke. Dort traute ich mich wieder zu atmen. Ich betete flüsternd: »Jesus, ich habe Angst. Dort im Flur sehe ich einen Schatten. Wahrscheinlich ist es ein Garderobenständer, obwohl ich mir nicht erklären kann, wie er dorthin gekommen sein könnte. Und wenn es tatsächlich ein Einbrecher oder ein Dämon sein sollte, dann verscheuche ihn. Wenn ich die Bettdecke zurückschlage, und der Schatten ist weg, dann gebe ich dir mein Leben und lasse mich taufen. Wenn es ein Garderobenständer ist, der den Schatten wirft, wäre das Wunder umso größer. Amen.«

Ängstlich, voller Zweifel, dass das funktioniert haben könnte, aber mit großer Hoffnung, lugte ich unter meiner Bettdecke hervor und schaute direkt in den Lichtschein. Der Schatten war weg!

Er war weg! Ich konnte es kaum glauben. Ich spürte Erleichterung und tiefe Gewissheit, dass ein ferner Gott sich wirklich um meine kleinen, persönlichen Probleme kümmerte. Ich hatte das Gefühl, dass ich schon wieder eine dämonische Erscheinung gehabt haben könnte, aber Gott stärker war als alles Böse. Und ich gab in diesen Minuten mein Herz Jesus. Ich betete, dass er Herr über mein Leben ist und beschloss, mich taufen zu lassen.

◈ ◈ ◈

Nur wenige Monate später, am 19. November 2000, war es so weit: Ich stieg in einem hässlichen weißen Gewand in das Taufbecken der Freikirche meiner Eltern. Circa 400 Gottesdienstbesucher wurden Zeugen meines öffentlichen Glaubensbekenntnisses. Ich fühlte mich wohl. Geborgen. Mit meiner Taufe gehörte ich der Gemeinde an, wurde Mitglied im Bund freikirchlicher Pfingstgemeinden. Ich wurde von einem jungen Pastor, der noch in seinen Dreißigern war, getauft. Ich mochte ihn gern, fand ihn cool und ich spürte, dass er einen fest gegründeten Glauben hatte.

Ich trug dieses lange, weiße Baumwollkleid, das schon Generationen vor mir zu ihrer Taufe getragen hatten. Es wurde durchsichtig, wenn man in das Wasser stieg, das war mir unangenehm. Ich trug einen Bikini mit einer längeren Hose darunter, damit nicht alle 14-jährigen Jungs der Kirche zu viel sehen konnten. Ich wollte mir darüber keine Gedanken machen müssen. Das Wasser war warm, als ich die Stufen in das Becken hinabstieg. Das Kleid bauschte sich auf und ich musste es nach unten drücken. Das Wasser reichte mir bis zur Taille, als ich ganz im Becken stand und der Pastor rechts neben mir seinen Platz einnahm. Meine Hände faltete ich vor meinem Bauch, so hatte man es uns

Täuflingen vorher erklärt. Der Pastor fragte mich, ob ich an Jesus glaube und ich bejahte das. Dann taufte er mich auf den Namen des Vaters, des Sohnes und des Heiligen Geistes.

Er tauchte mich rückwärts unter und das Wasser schlug über mir zusammen. Als ich auftauchte, klatschte die ganze Gemeinde und mein Taufvers wurde vorgelesen. Ich erinnere mich nicht mehr an ihn. Die Versammlung betete, Menschen hatten prophetische Eindrücke für mich, aber alles rauchte an mir vorbei. Ich war unendlich glücklich. Rückblickend würde ich sagen, dass ich einen Dopaminrausch hatte. Es war überschäumende Freude, die mir durch die Adern schoss. Mir wurde kalt, ich zitterte, als ich aus dem Wasserbecken stieg. Meine Tante reichte mir ein Handtuch, ich kuschelte mich darin ein und ging zu den WCs, um mich umzuziehen. Ich fühlte mich zum ersten Mal frei von Sünde. Ich war rein, hatte ein weißes Herz. Die Taufe hatte alle Sünden abgewaschen. Ich war gerettet. Nun würde ich wirklich in den Himmel kommen, wenn ich sterben würde! Wie lange würde es mir gelingen, nicht zu lügen, keinen schlechten Gedanken über jemanden zu haben, kein böses Wort zu verlieren, also ohne Sünde zu sein?

Ich erinnere mich gut an meine Großeltern mütterlicherseits. Sie wohnten während meiner Kindheit eine Zeit lang auf einer eigenen Etage im Haus meiner Eltern und ich verbrachte sehr viel Zeit mit ihnen. Meine Oma kochte die besten Eintöpfe und mein Opa war der lustigste Spielpartner, den ich mir hätte wünschen können. Wir spielten Tennis mit Toilettenpapierrollen, bauten aus Wachs kleine Boote und Figuren und schnitten mit einer großen, rostigen Schere von einer großen Rolle mit Zellstoffwatte, Taschentücher zurecht. An einem Tag, ich war vielleicht sechs Jahre alt, kniete ich auf der Eckbank meiner Großeltern in der Küche und starrte aus dem Fenster. Meine Oma stellte hinter mir nach dem Mittagessen das Geschirr zusammen und räumte die Küche auf. Der Wellensittich zwitscherte in seinem Käfig. Eigentlich war es mein Wellensittich, aber nur bei meiner Oma taute er auf und war selbstbewusst genug, um auf ihren Finger zu klettern. Daher wohnte er nun in ihrer Küche.

»Oma«, sagte ich ernst. »Oma, weißt du noch, wann du das letzte Mal gelogen hast?«

»Nein, das weiß ich nicht mehr«, antwortete sie.

»Hast du schon mal gelogen?«

»Ja, natürlich. Wieso fragst du? Hast du schon gelogen?«

»Nein«, antwortete ich und mir schoss das Blut ins Gesicht. Natürlich hatte ich schon mal gelogen und nun, in diesem Moment, hatte ich gelogen darüber, dass ich schon mal gelogen hatte! Mein kindliches Gehirn war entsetzt. Ob Jesus mich trotzdem liebhatte? Ich musste ihn um Vergebung bitten. Aber ich würde doch niemals schaffen, nicht mehr zu lügen! Trotzdem nahm ich mir in diesem Moment vor, ein ehrliches Leben zu führen und nie mehr bewusst zu lügen. Ich wollte doch gut sein!

Als ich mich nach meiner Taufe mit einem Handtuch abtrocknete fiel mir diese Episode wieder ein. Ich seufzte schwer. Ernüchterung machte sich in mir breit. Dieses Gefühl von Reinheit würde nicht lange andauern. Ich war so fehlerhaft und schlecht als Mensch!

Damals wusste ich noch nicht, was ich heute weiß: Ich bin geliebt. Jesus liebt bedingungslos.

Als Jesus im Jordan getauft worden war, kam eine Stimme vom Himmel, die sagte: »Du bist mein lieber Sohn, an dir habe ich Wohlgefallen.« Gott hat Jesus in der Taufe eine Identität gegeben. Geliebtes Kind. Schon bevor wir irgendetwas richtig oder falsch machen, hat Gott uns schon einen Namen gegeben: Geliebte.

Doch dann kommen die hinzu, die versuchen uns zu sagen, wer wir sind: Lügner. Schlechte Menschen. Unfähig. Zu dick. Nicht liebenswert. Nicht klug genug. »Vielleicht könnte man Dämonen definieren als alles, was nicht Gott ist und dennoch versucht, uns zu sagen, wer wir sind«, schreibt Nadia Bolz-Weber.[8] Und ich wünschte, ich hätte genau das meinem jüngeren Ich damals zuflüstern können.

Ich zog mir trockene Sachen an und ging wieder zurück in den Gottesdienst. Lobpreismusik schallte mir entgegen, Wärme, heimelig und gemütlich, erfüllt von vielen Stimmen unterschiedlichster Menschen umfing mich. Ehrfurcht ergriff mich. Ich war getauft worden. Ich gehörte dazu. Die Gemeinde war nun mein Zuhause, und diese Menschen waren meine Glaubensfamilie.

Ich ging in die erste Reihe und wartete auf das Segensgebet, das alle Täuflinge im Gottesdienst vom Vorstand, den sogenannten »Ältesten« der Gemeinde bekamen. Das waren immer ausschließlich Männer.

◈◈◈

Vier Jahre zuvor hatten mich meine Eltern regelmäßig abends auf Netzwerktreffen christlicher Geschäftsleute mitgenommen. Dort sprach immer einer der Teilnehmenden über Gott, eine Art Predigt, und dann beteten die beruflich selbstständigen Frauen und Männer zusammen, aßen, lachten und netzwerkten. Ich verstand als 10-Jährige nicht ganz, was dort geschah, aber es faszinierte mich und ich hörte immer sehr gebannt zu. Meine Eltern lernten dort, dass der Heilige Geist auch in den 90er-Jahren noch durch sogenannte Geistesgaben wirkte. Das waren Gaben wie beispielsweise Prophetie und auch das Reden in Zungen. Die Zungenrede wird in der Bibel in der Apostelgeschichte überliefert. Dort empfangen die Jünger Jesu nach dessen Weggang und Auffahren in den Himmel in einer gemeinsamen Gebetszeit zu Pfingsten den Heiligen Geist. Dieser kam mit einem sichtbaren Zeichen in Form eines Brausens und einer Feuerzunge auf sie und sie begannen, in verschiedenen Sprachen zu beten. Die Bibel berichtet, dass wegen des Lärms eine Menge von Menschen zusammenströmte und sich vor dem Haus, in dem die Jünger sich aufhielten, versammelte. Sie spotteten, dass die Jünger Jesu betrunken seien, doch dann hörte jeder der dort Versammelten die Jünger von Gottes Taten schwärmen – und zwar in seiner eigenen Muttersprache: Araber, Krether, Bewohner von Mesopotamien und noch viele mehr.

Die Zungenrede gilt als eine der Geistesgaben, die man bekommen kann. Sie ist ein Geschenk und gilt als ein Zeichen dafür, dass man mit dem Heiligen Geist erfüllt ist.[9] Die Zungenrede gewährt einen direkten Zugang zu Gott, die rationale und liturgische Formen der Vermittlung umgeht, wie Kelsey feststellt.[10] Sie betont die freie Bewegung des Geistes Gottes, ungeordnet, nicht vorhersehbar und nicht in liturgischen Formen hineingezwungen.

Nicht jeder hat diese Gabe. In pfingstlich-charismatischen Kreisen gilt die Fähigkeit zur Zungenrede zwar nicht ausdrücklich, aber doch unterschwellig, als starkes Zeichen für eine besondere emotionale Beziehung zu Jesus. Etwas polemisch könnte man sagen, dass die allgemein starke Betonung der Ausrichtung auf den Heiligen Geist und die Geistesgaben unterschwellig dazu führt, sich in besonderer Gottesnähe zu sehen und im Sinne einer »fortgeschrittenen Errettung« besser zu sein als andere Christen. Tatsächlich gibt es Pfingstgemeinden, in denen ein mehrstufiges Erlösungsgeschehen Teil der Theologie ist. Man kann sozusagen eine spirituelle Karriereleiter erklimmen, auf der die Gabe der Zungenrede ein Karriereschritt ist. Und ich wollte diese Gabe auch unbedingt besitzen. Ich hatte erlebt, dass meine Eltern das konnten, und es faszinierte mich. Ich wollte auch mit dem Heiligen Geist erfüllt sein!

Die Idee der Erfüllung mit dem Heiligen Geist geht zurück auf Reuben A. Torry (1856-1928), einen US-amerikanischen Erweckungsprediger, der das Ziel des Glaubens in eben dieser Erfüllung mit dem Geist sah. Seit dem 19. Jahrhundert verbreitete sich zudem die Idee der Heiligung im Glauben durch den Heiligen Geist,[11] wie z.B. durch die Keswick-Bewegung in Großbritannien, die 1857 sagte: Wie es eine Rechtfertigung durch den Glauben gebe, so auch eine Heiligung durch den Glauben. Zwar gebe es keine absolute Sündlosigkeit des Menschen, wohl aber einen Lebenswandel ohne Sünde in ständiger Gemeinschaft mit Christus in uns. Der Heilige Geist sei derjenige, der einen solchen Lebenswandel möglich machen könne.

Mit circa zehn oder elf Jahren saß ich mit meiner Mutter auf dem Weg zu einem der Geschäftsleute-Treffen im Auto. Sie hatte eine Lobpreis-Kassette eingelegt und betete für den vor uns liegenden Abend. Und plötzlich brachte ich Worte oder eher Silben, die nicht zusammenhingen, in einer anderen Sprache heraus. Ich fühlte mich komisch dabei, hatte Sorge, ich könnte simulieren, aber gleichzeitig wollte und konnte ich auch nicht mehr damit aufhören. Ich lachte und sprach gleichzeitig in unverständlichen Worten vor mich hin. Es klang wie das fröhliche Geplapper eines

Babys. Ich war mir unsicher, ob ich mir das jetzt ausdachte oder ob ich tatsächlich eine göttliche Erfahrung machte.

»Mama, habe ich mir das ausgedacht? Vielleicht habe ich mir das ja von Papa abgeguckt!«

»Ich weiß es nicht, Schatz. Wir können ja vielleicht gleich jemanden fragen.«

Nach der Veranstaltung, bei der Geschäftsleute, Frauen und Männer, an runden Tischen und weiß gestärkten Tischdecken sitzend einem Mann zugehört hatten, der spannende Sachen erzählte, rief mich meine Mutter zu sich. Sie stand mit dem Sprecher zusammen und ermutigte mich, ihm von meinem Erlebnis, meiner Geistestaufe*, zu erzählen. Meine Mutter lächelte, der fremde Mann nahm mich in meinen Bedenken sehr ernst und sprach mir Mut zu, nahm mir meine Selbstzweifel.

Theologisch war das nicht korrekt, denn laut der theologischen Auffassung in meiner Gemeinde, konnte man die Geistestaufe erst nach der eigentlichen Wassertaufe erhalten. Aber als Kind war es mir egal, ob mein Erleben theologisch korrekt war. Ich war damals glücklich und betete als 11-Jährige regelmäßig in Zungen. Ich nannte es »meine Geheimsprache mit Gott«, denn, so viel wusste ich aus der Bibel, die Zungenrede sollte, laut Paulus, nur privat stattfinden, damit sie der eigenen Stärkung diene. In öffentlichen Veranstaltungen sollte sie vor allem ausgelegt werden, wozu aber wiederum eine weitere Geistesgabe nötig war.

Ich empfand es als sehr unangenehm, wenn jemand im Rahmen eines Gottesdienstes laut in Zungen betete. Wie befremdlich musste das für außenstehende Gäste sein, die den Gottesdienst zum ersten Mal besuchten? Zu hören, wie jemand laut unverständliche Laute vor sich hin brabbelt? Ich schämte mich jedes Mal fremd. In meiner Heimatgemeinde wurde aber darauf geachtet, die Zungenrede auch tatsächlich prophetisch auszulegen. Wann immer jemand, meistens einer der Ältesten, eine Auslegung von Gott bekommen hatte, teilte er sie der Gemeinde laut mit. Ich bewunderte das. Hatte da jemand wirklich von Gott gehört?

Ich hielt geheim, dass ich die Gabe der Zungenrede empfangen hatte. Es war etwas Persönliches für mich, etwas ganz Besonderes, was ich nur mit Gott teilen und nicht diskutieren wollte. Doch für meine Gemeinde war das etwas nicht ganz so Geheimes. Nach unserer Taufe beteten die Ältesten mit uns für die Geistestaufe. Derjenige, der für mich betete, war so voller Eifer, so voller Hingabe, ich hatte Mitleid mit ihm. Er betete so sehr für mich, aber ich konnte die Zungenrede ja gar nicht mehr bekommen, weil ich sie schon hatte! Ich überlegte kurz. Sollte ich es wagen? Dann sprach ich vor ihm in meiner Geheimsprache mit Gott. Er flippte vor Freude völlig aus, dankte Gott, war begeistert, dass Gott sein Gebet erhört hatte. Ich wollte nett sein, doch gleichzeitig wusste ich, dass ich ihn getäuscht hatte, dass ich ihm etwas vorgemacht hatte. Ich setzte mich mit einem schweren Stein im Magen und mit Kummer kurze Zeit später wieder an meinen Platz. Ich ärgerte mich. Der Mann würde damit prahlen, sich gut fühlen, weil er dafür zuständig gewesen war, Gott ihn gebraucht hatte, damit ich diese besondere Gabe bekam. Ich war 14 Jahre alt und konnte innerlich nicht großzügig sein oder erkennen, dass ich vollständig versagt hatte, weil ich dem armen Mann nicht einfach vorhergesagt hatte, dass er mich nicht mit dem Heiligen Geist segnen musste. Aber aus dem Verständnis meiner Gemeinde heraus, hätte ich die Geistestaufe nie vor meiner Wassertaufe bekommen dürfen! Wir steckten Gott in eine Box. Wir glaubten zu wissen, wie er ist und wie genau er handelt. Erst später wurde mir klar, dass Gott sich niemals begrenzen lässt und nicht auf unsere Vorstellungen von ihm in seinem Handeln angewiesen ist, genauso wie die Fähigkeit in einer unbekannten, lallenden Sprache zu sprechen, nichts mit dem Handeln Gottes zu tun hat, der ein paar wenige Menschen befähigt und andere nicht. Sondern, dass meine besondere »Geheimsprache mit Gott« vor allem etwas mit einer kulturellen Technik zu tun hat, die in der Atmosphäre von unseren Gottesdiensten oder in meinem persönlichen Gebet einen Ort hat.

◈ ◈ ◈

Die Gabe der Zungenrede und meine Taufe bewirkten nicht, dass ich von nun an keine Angst mehr vor der Hölle hatte. Ich war mir weiterhin unsicher, ob ich gut genug war, um in den Himmel zu kommen. Glaube und religiöse Rituale können solche falschen Glaubenssätze nicht lösen, wenn sie sich einmal festgesetzt haben. Im Gegenteil: Immer wieder wurden diese Glaubenssätze neu für mich bestätigt und verfestigt.

Es war in einem dieser schönen Sommer, als ich mit meinen Eltern Urlaub in Schweden machte. Wir waren in den Schären bei Stockholm auf einer Missionsstation. In diesem Sommer war ich 16 Jahre alt. Es war heiß. Die Missionsstation lag auf einem großen Gelände an einem See. Deutsche Auswanderer hatten diesen Ort geschaffen als Erholungszentrum für Pastoren und deren Familien. Wir waren in einem der Ferienhäuser untergebracht. Ich stromerte stundenlang durch die Wälder, saß am

Bootssteg und wir besuchten als Familie Stockholm. Ich hatte das Gefühl, auf dem Gelände Gott sehr nah zu sein. Es fühlte sich an, als würde Gottes Geist durch die Wälder wehen, und sich mitten in der Sommerhitze zu mir auf die Veranda setzen. Die Leiterin der Missionsstation schien meinen geistlichen Hunger wahrzunehmen und sprach mit mir über einen Kurs, ein Workbook namens »Freiheit in Christus«, welches ich durcharbeiten könnte. Sie würde es dann mit mir besprechen. Das war ein sehr großzügiges Angebot, wie ich damals fand. Sehr freundlich, mir so etwas anzubieten.

Schon immer war ich ein wissbegieriger, neugieriger Mensch, wollte immer Neues entdecken und kennenlernen und war offen für neue Erfahrungen. Ich füllte das Arbeitsheft sehr schnell aus, las auch alle einleitenden Kapitel und belegende Bibelstellen dazu und war mir am Ende sicher, dass ich diese Freiheit, die mir das Arbeitsheft versprach, unbedingt erleben wollte. Einige Tage später hatte ich einen Gesprächstermin bei der Leiterin. Sie war eine forsche, starke Frau. Sie wusste, was sie wollte, und war beeindruckend dominant in ihrem Auftreten, obwohl sie ganz klein war. In ihrem ebenso kleinen Haus geleitete sie mich in das Wohnzimmer: »Vorhin, kurz bevor du kamst, habe ich mir beim Schminken, das Mascara Bürstchen in die Augen gestoßen«, sagte sie zu mir. »Es tat so weh, aber ich wusste in dem Moment, dass der Teufel verhindern will, dass du heute hierherkommst, Priska. Daher habe ich dir auch nicht abgesagt.« Ich fühlte mich schlecht. Wegen mir hatte sie sich die Mascara ins Auge gestoßen? War ich in der unsichtbaren Welt eine so von Gut und Böse umkämpfte Person, dass die arme Frau sich am Auge verletzen musste? Das tat mir sehr leid und ich fühlte mich schuldig. Aber die Spannung wuchs auch und ich wurde neugierig, was hier heute so Bedeutsames passieren sollte, dass sogar der Teufel versuchte, es zu verhindern. Also, ich musste ja wirklich eine enorme Befreiung erleben! Tatsächlich sollte das, was nun in der kommenden Stunde stattfinden sollte, eine der einschneidendsten Erfahrungen in meiner christlichen Laufbahn sein.

Doch zunächst schaute sie sich die Einträge in meinen Unterlagen an. Neben vielen ermutigenden Bibelstellen zur eigenen Identität, gab es auch Seiten, auf denen die persönlichen Verfehlungen und Sünden aufgeschrieben werden sollten. Ich war sehr ehrlich gewesen. »Hatten Sie schon mal Kontakt zu okkulten Praktiken?«, lautete eine Frage. Ich hatte »Ja« angekreuzt. Die Leiterin sah mich fragend an. »Ich hatte eine Phase, da war ich neugierig. Ich ließ mir auf einer Klassenfahrt in der 7. Klasse Tarotkarten legen und auf einer Gemeindefreizeit, wo wir mit vielen Kindern unterwegs waren, probierte ich Pendeln aus und legte auch selbst mal Tarotkarten. Ich war damals ungefähr zwölf Jahre alt«, erzählte ich ehrlich. Sie nickte. Ich schämte mich. Eine andere Frage betraf sexuelle Vergehen. Ich hatte geschrieben, dass ich manchmal sexuell anzügliche Gedanken gehabt hatte. Auch das las sie. Und auch, dass meine Großeltern Deutsche waren, also im Naziregime gelebt hatten. Es gab noch mehr Punkte, aber diese drei stachen heraus und sie begann mit mir zu beten. Sie betete mich frei von allen Sünden meiner Vorfahren, denn laut eines Bibeltextes aus dem Alten Testament lasteten auch ihre Sünden wie ein Fluch auf uns. Mein Großvater, der für Adolf Hitler bei der Luftwaffe dienen musste, war also sündhaft gewesen und ich musste bis heute darunter leiden. Mein Großvater, der furchtbare Kriegstraumata erlebt hatte und in Gefangenschaft war, der gelitten hatte und es gehasst hatte, kämpfen zu müssen, hat von diesem Gebet glücklicherweise nie etwas erfahren.

Doch das war nur der Einstieg. Denn dann begann sie, die Dämonen der sexuellen Lust und des Okkultismus aus mir auszutreiben. Im Namen Jesu. Mitten in den schwedischen Schären, mit einem wunderschönen Seepanorama, minderjährig und ohne Erlaubnis und Anwesenheit meiner Eltern betrieb sie Exorzismus an mir. Ich kann nicht erklären, was dann geschah. Ich benahm mich tatsächlich so, als ob ich einen Dämon in mir haben würde. Eine Art Copingstrategie vielleicht? Wie nach meiner Taufe und dem Gebet um die Geistestaufe, vielleicht ein Versuch, einem Menschen, der mir Gutes tun wollte, einen Erfolg zu verschaffen? Ich kann es nicht erklären. Ich hustete und hustete auf ihrem Sofa und es spornte sie nur noch mehr an. Sie betete und betete und ich wollte sie vielleicht nicht enttäuschen. Immerhin hatte sie sich die Mascara für mich ins Auge gerammt. Oder der Teufel hatte ihn ihr in das Auge gerammt. Es sollte sich ja gelohnt haben.

Heute weiß ich: Wer Jesus angenommen hat in seinem Leben, der ist wirklich frei. Der braucht nicht nochmal einen extra Befreiungskurs, ein Freibeten von Sünden der Vorfahren, geschweige denn einen Exorzismus. Wer glaubt, den kann nichts mehr aus der Hand Gottes reißen. Außer man möchte aus dieser Hand heraus. Wer Jesus in sein Leben aufgenommen hat, der kann sich vor Liebe und Gnade kaum noch retten.

Nach dem Gebet war ich verstört. Was war da gerade passiert? Erst viele Jahre später traute ich mich, mit einem Pastor darüber zu sprechen. Er konnte meine Erfahrung theologisch einordnen und sagte bestimmt zu mir: »So ein Blödsinn! Niemals hattest du einen Dämon in dir.«

Einige Jahre später erlebte ich einen Exorzismus, der übergriffiger und schrecklicher nicht hätte sein können. Es war auf der Bibelschule, ich war 19 Jahre alt. An einem Gebetsabend hatte jemand den »Eindruck von Gott«, für eine Frau beten zu sollen, die ebenfalls auf der Bibelschule studierte. Eine zarte, zurückhaltende Frau. Sie kniete vorne am Alter und ungefähr zehn Frauen versammelten sich um sie und begannen laut zu beten. Nach kurzer Zeit aber wurde das Gebet aggressiver und schließlich trieben sie Dämonen aus. Die kniende Frau aber blieb ruhig. Sie ruhte in sich. Ich beobachtete es genau, es war verstörend. Ich spürte die Übergriffigkeit und wusste nicht, wie ich diesen Exorzismus beenden sollte. Schließlich stand die Frau auf und verließ still die Versammlung. Ich ging ihr nicht hinterher, wusste nicht, was ich sagen sollte. Ich war erschrocken und verstört.

Es waren so viele angehende Pastoren auf der Bibelschule, die fest davon überzeugt waren, dass Satan und Dämonen in Christen ruhen und von ihnen Besitz nehmen würden. War ich mir denn 100-prozentig sicher, dass dem nicht so war? Ich hatte ja immer noch Angst, nicht gerettet zu sein und in die Hölle zu kommen. Ich hinterfragte die Prädestinationslehre, also ob Gott wirklich vorher schon auswählt, wer gerettet wird und was das dann bitte für ein Gott ist, der vorher schon wählt, wer in die Hölle kommt? Ich hatte Angst vor meinen Fragen, hatte Angst, liberal zu werden. Lauwarm nannten wir diese Menschen. In der Bibel steht im Buch der Offenbarung in Kapitel 3 Vers 16 der Vers »Also, weil du lau bist und weder heiß noch kalt, werde ich dich ausspeien aus meinem Munde«, und dieser Vers war unser Maßstab, wirklich alles für Gott zu geben. Komplett bibeltreu zu sein und die Bibel wortwörtlich zu nehmen. Ich wollte nichts falschmachen. Ich war auf Leistung getrimmt, immer mit dem Gefühl getränkt, niemals gut genug zu sein, auch vor Gott nicht. Im Hinblick auf die Erwartungen, die wir an die Zukunft hatten, war das keine Ermutigung.

»Ende des 19. Jahrhunderts setzte sich in vielen evangelikalen Kreisen ein Umschwung in der geschichtlichen Zukunftserwartung durch«, schreibt Thorsten Dietz.[12] Man sprach nun immer stärker von der Endzeit, in der der Antichrist auftauchen und regieren würde und in der die Menschen immer mehr vom rechten Glauben abfallen.

Diese Endzeittheologie wurde ein zentrales Merkmal auch in der Pfingsttheologie. Dazu gesellte sich die Idee, dass diese letzte Christenheit vor der Entrückung noch einmal eine Erweckung erleben würde und damit auch alle sich manifestierenden Zeugnisse von Gottes Wirken auf dieser Erde, das heißt Wunderheilungen, Prophetie und so weiter.

Wir wussten ja nie, wann Jesus wieder auf die Erde kommen würde, und lebten in ständiger Erwartung, wurden angehalten, uns beständig darauf vorzubereiten! In meiner Kindheit sangen wir in der Kinderstunde den Gassenhauer »Dass Jesus wieder kommt«. Es war ein schnelles Lied. Wir Kinder klatschten den Rhythmus und wenn wir cool waren, schnipsten wir. Jesus kommt irgendwann wieder. Niemand weiß wann. Wenn er wieder kommt, dann »wie ein Dieb in der Nacht« (1. Thessalonicher 5,2). Wir werden es nicht wissen und es werden nur die Menschen gerettet, die frei von Sünde sind, die zu ihm gehören. Alle anderen schmoren in der Hölle, dem schrecklichsten Ort der Tränen, oder sie müssen den Antichrist ertragen, der die Welt regieren wird.

Meine andere Urangst bestand darin, bei der Entrückung nicht dabei zu sein. Den Hintergrund dieser Sorge bildeten die in evangelikalen Kreisen der in den 1990er- und ersten 2000er-Jahren sehr verbreiteten Thriller »Finale – die letzten Tage der Erde« von Tim LaHaye und Jerry B. Jenkins. Die beiden Autoren schildern darin, wie eine Gruppe von Menschen, die dem Glauben zweifelnd bis distanziert gegenüberstand, versucht, gegen die Herrschaft des Antichristen zu bestehen, der die Macht in der Welt übernimmt nachdem die wahren Christen in den Himmel entrückt wurden. Die Geschichte folgt den Berichten der Apokalypse des Johannes und deutet diese wörtlich bis zur finalen Entscheidungsschlacht zwischen Gut und Böse und der Wiederkunft Christi.

Die Romane sind sehr spannend geschrieben. Ich und viele andere, die sie gelesen hatten, dachten, dass die Autoren in ihnen auf wunderbare Weise die Bibel auslegten, endlich jemand die Offenbarung wirklich verstanden und theologisch dargelegt habe. Wir wussten nicht und verstanden nicht, dass es einfach Romane, erfundene Geschichten waren, mit denen sehr viel Geld gemacht wurde. Für uns passte alles: Es gab ja die apokalyptische Endzeittheorie, wonach irgendwann die Christen unerwartet entrückt werden. Sie werden zum Himmel schweben, alle auf einmal, kurz bevor der böse Antichrist die Welt regiert und alle knechtet und sich schrecklichste apokalyptische Weltuntergangsszenarien abspielen. Wenn alle Christen auf der ganzen Welt auf einmal verschwinden, wird es natürlich großes Chaos auf der Erde geben. Und natürlich hatte ich große Panik davor, möglicherweise nicht glaubensstark genug zu sein, um bei der Entrückung dabei zu sein. Vielleicht zurückzubleiben! Ich hatte riesige Angst, die Entrückung könnte ohne mich stattfinden!

Tatsächlich hielt ich diese Theorie bis vor wenigen Jahren sogar für biblisch. Ich wusste nicht, dass apokalyptische Texte in der Bibel eher eine Art Code sind, mit dem die biblischen Autoren über die Welt zu ihrer Zeit sprachen. Es war eine Möglichkeit für die Menschen, in gefährlichen politischen Situationen, die Wahrheit auszusprechen. In apokalyptischen Bibeltexten kann also nicht wie in einer Kristallkugel die Zukunft gelesen werden. Die Textgattung ist uns heute nicht mehr vertraut und die Theologin Nadia Bolz-Weber hat betont, dass, sie wörtlich zu nehmen, etwa so wäre, als würden in 4.000 Jahren Menschen unsere Science-Fiction-Filme nicht als Kommentare über den Hochmut unserer technischen Gegenwart, sondern stattdessen als Voraussage der Zukunft verstehen.[13]

◈ ◈ ◈

Ich ignorierte die ganzen Jahre mein Bauchgefühl, dass da irgendetwas nicht stimmen konnte, meine innere Skepsis, meinen Körper, der sich regelmäßig vor Angst zusammenzog. Diesen empfand ich ohnehin als sündig. Der gnostische Glaube, dass das »Fleisch« schlecht sei, der Geist aber gut, hatte sich meiner vollkommen bemächtigt. Wann immer ich spürte, dass etwas nicht richtig sein konnte, ignorierte ich den Zweifel und versuchte, theologisch zu verstehen, was ich nicht verstehen konnte. Mein Herz und mein Körper schrien mich an damit aufzuhören, aber ich machte einfach weiter. Ich kannte nichts anderes und meine Angst, mich mit meinen Zweifeln aus der Deckung zu wagen und mich damit angreifbar zu machen, war zu groß.

Damals gab es ein Lobpreislied – ein Lied, das man im Gottesdienst zur Ehre Gottes singt, nur ohne Orgel und stattdessen mit Begleitung durch E-Gitarre, Bass, Schlagzeug, wahlweise poppig oder rockig. Das Lied hieß »I'm a friend of God« – »Ich bin Gottes Freund«. Viel mehr Text gab es in dem Lied nicht, alle sangen inbrünstig mehrfach genau diese Liedzeile. Ich konnte sie nicht singen, ich kam mir vor wie eine Häretikerin. Ich fragte eine Freundin: »Glaubst du, dass du Gottes Freund bist?« »Ja, na klar!«, antwortete sie fröhlich. Ich traute mich nicht zu sagen, dass ich das so nicht formulieren konnte. Brauchte Gott denn überhaupt Freunde? Auf diese Frage hatte die Gemeinschaft eine passende Antwort: »Wir sind Gottes Boten hier auf der Erde. Wir sind diejenigen, die sein Werk hier auf der Welt vollenden.« Klang gut, aber ich hatte trotzdem Fragen. Wenn er Gott ist, dieser allmächtige, allwissende Gott: Warum braucht er dann Boten? Wieso sollte er mich brauchen? Und wenn ich diese Fragen in meinem Herzen habe, bin ich dann eigentlich wirklich Gottes Kind? Darf ich diese Fragen haben, geschweige denn sie äußern?

Dazu kam diese eine Bibelstelle, über die ich immer wieder stolperte, und die mich jedes Mal erschrecken ließ. In Matthäus 7,21-23 steht: »Nicht jeder, der zu mir sagt: ›Herr, Herr!‹, wird in das Reich der Himmel hineinkommen, sondern wer den Willen meines Vaters tut, der in den Himmeln ist. Viele werden an jenem Tage zu mir sagen: ›Herr, Herr! Haben wir nicht durch deinen Namen geweissagt und durch deinen Namen Dämonen ausgetrieben und durch deinen Namen viele Wunderwerke getan?‹ Und dann werde ich ihnen bekennen: ›Ich habe euch niemals gekannt. Weicht von mir, ihr Übeltäter!‹«

Was, wenn ich eine von denen war, die nur glaubte, sie sei tatsächlich ein Kind Gottes? Was, wenn ich keine Freundin Gottes war? Was, wenn ich in die Hölle käme? Und vielleicht hatte ich einen Dämon in mir, der mir meine Heilsgewissheit* raubte? Ich war innerlich aufgewühlt.

◈ ◈ ◈

Es dauerte viele Jahre, bis ich all die Widersprüchlichkeit meiner Erfahrungen wirklich verstehen konnte. Die Ungewissheit darüber, wirklich ein geliebtes Kind Gottes und gerettet zu sein durch Glauben, hatte seine Ursache nicht im Tun oder Lassen einer einzelnen, bestimmten Person, sondern in der theologischen Lehre, wie ich sie in der Gemeinschaft vermittelt bekam und wie sie über Generationen weitergegeben wurde. Der Grundgedanke, sich Liebe verdienen zu müssen, immer etwas leisten zu müssen, um geliebt zu werden, und das Bewusstsein, dass es doch niemals gut genug sein würde, war in der Heiligungsbewegung selbst und deren Anliegen, immer bessere Menschen zu formen, angelegt. Das Ergebnis widerspricht der Grundbotschaft des Evangeliums von der unbedingten, d.h. ja nicht an Bedingungen geknüpften, Liebe Gottes. Heute bin ich überzeugt: Ich bin geliebt um meiner Selbst willen. Ich muss nichts leisten. Ich bin gerettet aus Gnade.

Unser Gehirn ist so gebaut, dass es sich Bestätigung sucht für die Dinge, die es glaubt und erkannt hat.[14] Auf die gleich Weise funktionieren auch die Algorithmen der sozialen Netzwerke: Wir bekommen die Informationen angezeigt, die zu unseren vorangegangenen Suchanfragen oder Seitenbesuchen passen. Das meiste, was wir sehen, bestätigt und verfestigt so letztlich unsere Meinung und unser Denken. Dieses Phänomen konnte ich in meinem persönlichen Umfeld beobachten. Während meine beste Freundin keine Angst vor der Hölle hatte, war genau diese

Angst meine Realität. Sie nahm solche Gedanken nicht wahr oder hatte sie ausgeblendet, während mein Gehirn alles wahrnahm und sich merkte, dass diese theologische Lehre bestätigte.

Gleichzeitig sucht unser Gehirn auch gern die einfachste Lösung und Antwort auf schwierige, komplexe Situationen. Es war für mich tatsächlich einfacher, immer wieder Bestätigung für das zu suchen, was ich zu wissen glaubte, statt auf die Suche nach etwas Neuem zu gehen und die Tatsache wahrzunehmen, dass wir alle mit einer ganz individuellen, von unserer Herkunft und unserem gesellschaftlichen Umfeld mitbestimmten Brille die Bibel lesen, sie auslegen und verstehen. Absolute Wahrheit ist meines Erachtens in Jesus zu finden, aber *unsere* Erkenntnis dieser Wahrheit ist immer bruchstückhaft. Wir dürfen und sollten uns darum immer wieder neu hinterfragen. Das gilt nicht nur für unseren Glauben, sondern auch für unsere zwischenmenschlichen und allgemein gesellschaftlichen Haltungen.

Nein, Gott braucht meines Erachtens keine Freunde und keine Menschen, die ihn verteidigen oder erklären. Aber: Da ich an Gott und seine Existenz glaube, gehöre ich zu ihm. Auch wenn sich der ganze christliche Glaube rund um Jesus und seinen Tod am Kreuz verrückt anhört, so finde ich doch Hoffnung und Vergebung, Gnade und Annahme, Liebe und Richtschnur in diesem Glauben.

Der pfingsttheologische Glaube brachte mir vor allem bei, an mir selbst zu zweifeln und mir selber fremd zu werden. Eine Instanz außerhalb meiner selbst hatte alle Antworten. Gottes Wille war wichtiger als mein eigener. Ich unterdrückte meine natürlichen Wünsche, weil sie mir nachhaltig, vielleicht sogar für alle Ewigkeit schaden konnten. Meinen Gedanken war nicht zu trauen. Sie konnten mich Satan ausliefern, sie konnten Zweifel auslösen, mich am Ende von Jesus entfremden. Ein Bekannter sagte damals zu einer Freundin von mir: »So viel über Gott zu studieren ist nicht gut. Es könnte Zweifel auslösen.« Zweifel aber waren nicht willkommen. Die Gefahr, den Glauben zu verlieren, und dadurch in der Hölle zu landen, war zu groß.

Mein Glaube beruhte zu großen Teilen auf Angst. Ich hatte Angst vor der Hölle, Angst, zu zweifeln, Angst, unbequeme Fragen zu stellen und war unsicher, wie man in der normalen Welt, außerhalb der Blase meiner Gemeinde leben könnte. Die Welt da draußen war gefährlich und voller Sünde, Dämonen konnten mich jagen und schließlich war ich verantwortlich dafür, dass niemand von meinen Freunden und auch ich selbst nicht in die Hölle kommen würden. »Was, wenn deine Freundin oder du selbst morgen einen Unfall habt? Kommt ihr dann in den Himmel? Seid ihr gerettet?«

Als ich 18 Jahre alt war, machte uns ein Prediger Angst, dass unsere Freunde nach ihrem Tod am Abgrund zur Hölle stehen und sich dann zu uns umdrehen würden, um vorwurfsvoll und ängstlich zu fragen: »Warum hast du uns nichts davon erzählt?« Daraufhin schrieb ich all meinen nicht-gläubigen Freundinnen aus der Schulzeit einen langen Brief und erzählte ihnen von Jesus. Und das eigentlich nur, weil ich nicht die Schuld auf mich laden wollte, ihnen niemals von Jesus erzählt zu haben. Eigentlich also aus egoistischen Motiven, damit ich mir selbst nichts vorzuwerfen hatte.

Zwei Jahre später schon schämte ich mich für diese Briefe, waren sie doch nicht aus Freundschaft und Liebe zu den Adressatinnen entstanden. Und nun, viele Jahre später, schüttele ich den Kopf darüber, wie sehr ich doch manipuliert wurde mit Angstmacherei und der Drohung mit Höllenqualen. Ich bin heute dankbar, dass meine Freundinnen mir meine evangelistisch-übergriffigen Versuche vergeben haben, sie vor der Hölle zu warnen, und mir mit Toleranz und Neugier begegnet sind.

◈ ◈ ◈

Unsere Vorstellung von der Hölle ist geprägt von zahllosen Bildern, die vor allem in der Zeit des Mittelalters entstanden sind. Feuer, schreiende Menschen und dann die Aufforderung der katholischen Kirche, einen Ablass zu zahlen, um Angehörige aus diesen Qualen erlösen zu können. Die Reformation Martin Luthers, seine Erkenntnis, dass wir gerettet sind allein aus Gnade, konnte das Bild der Hölle nicht mehr aus den Köpfen löschen. Es hat ja auch einen weitläufigen kulturgeschichtlichen Hintergrund.

Von der Hölle ist in der Bibel im Neuen Testament zwar die Rede, sie ist allerdings kein zentrales Motiv in der Lehre Jesu. Wenn er von ihr spricht, dann jedes Mal im Kontext von Gerichtsrede, die immer in prophetischer Tradition steht und den Hörern den Ernst ihrer Lebensentscheidungen in einer bestimmten Situation klar machen möchte.[15] In der Hebräischen Bibel kommt das Wort »scheol« 66 Mal vor. Es wird häufig mit »Hölle« übersetzt, beschreibt aber eigentlich den Ort, an den die Toten gehen. Es ist ein Ort der Stille. Im altgriechischen wird das Wort »hades« dafür genutzt. Außerdem kommt in 2. Petrus 2,4 das Wort »tartaros« vor. Es stammt aus der griechischen Mythologie und bezeichnet einen Teil der Unterwelt im Hades, in der Qualen erduldet werden müssen. Nach 2. Petrus sind dort Dämonen eingeschlossen. Wenn Jesus selbst von »Hölle« spricht, verwendet er auch das Wort »gehenna«. Dieses Wort spielt auf den Ort Ge-Hinnom im biblischen Juda an. Es handelt sich um ein Tal, in dem in der Frühzeit Israels offenbar Kinderopfer dargebracht wurden, was eine vehemente Kritik durch die Propheten Israels zur Folge hatte. Das Wort erlebte dann einen Bedeutungswandel und wurde zur Bezeichnung eines Strafortes in der Unterwelt.

So fand der Begriff »Hölle« dann auch Eingang in die christliche Tradition. Die in traditioneller und in den meisten freikirchlichen Theologien verbreitete Vorstellung, dass Jesus gestorben ist, um für unsere Sünden zu sühnen, beinhaltet auch den Glauben, dass der Tod Jesu diejenigen, die an ihn glauben, vor den Qualen der Hölle bewahrt.

Doch: Wie kann ein liebender Gott überhaupt mit einer Hölle in Einklang gebracht werden? Ist die Hölle ein geschaffener Ort, hat Gott oder der Widersacher Gottes also die Hölle gemacht, oder war sie schon immer da und ist damit ebenso zeitlos und ewig wie Gott? »Wenn er (der Ort, PL) nicht erschaffen wurde«, hält William Paul Young, der Autor des Bestsellers »Die Hütte« fest, »muss es also zwangsläufig Gott sein, der allein unerschaffen ist. Demnach wäre die Hölle identisch mit Gott, dem verzehrenden Feuer.«[16] Die Hölle wäre also identisch mit dem, der für Liebe, Licht und Güte steht. In Römer 8,38-39 lesen wir: »Denn ich bin überzeugt, dass weder Tod noch Leben, weder Engel noch Gewalten, weder Gegenwärtiges noch Zukünftiges, noch Mächte, weder Höhe noch Tiefe, noch irgendein anderes Geschöpf uns wird scheiden können von der Liebe Gottes, die in Christus Jesus ist, unserem Herrn.«

Nichts kann uns von Gottes Liebe trennen. Wir besitzen gar nicht die Fähigkeit, um uns von dieser Liebe zu lösen. Nicht einmal die Hölle trennt uns von ihr. Ja, wir sind in der Lage, Gottes

Liebe zurückzuweisen, aber es wäre falsch zu glauben, dass ich verloren und zu Höllenqualen verdammt bin, wenn ich mich entscheide, ohne Gott zu leben. Vielleicht sind wir selbst manchmal davon überzeugt, dass wir es verdienen, von Gott getrennt zu sein, aber es ist eine Illusion zu glauben, dass Gott uns aufgegeben hat, oder uns nicht mehr liebt.[17]

William Paul Young betont in diesem Zusammenhang, dass unser Sein untrennbar mit Gott verbunden ist. Nichts ist getrennt von Jesus in die Welt gekommen, »jegliche Existenzform ist vollkommen angewiesen auf das bewahrende Leben des Herrn.«[18] Nur wenn wir denken, dass unser Sein von Gott getrennt sein könnte, können wir überhaupt an dem Gedanken festhalten, dass es überhaupt einen Ort gibt, an dem wir bestraft werden.

Aber was ist mit Jesu Tod? Schreit Jesus nicht seine Gottverlassenheit heraus, kurz bevor er stirbt?

Jesus stirbt, er stirbt wirklich. Aber »er stirbt in Gott hinein«, wie Dr. Thomas Breuer es in einem Vortrag über die christliche Erwartung nach dem Tod ausdrückt.[19] Gott sagt Ja zu Jesus und errettet ihn vom Tod. Seine Auferweckung zeigt, wie bedeutsam sein Leben war. Und das ursprüngliche Evangelium, die frohe Botschaft seines Lebens, so Breuer, ist, dass wir nicht aufgefordert sind, Gott zu empfangen, sondern dass dieser uns seit jeher auf- und angenommen hat. Ohne unser Zutun sind wir Geschöpfe Gottes, kleine Lebenswunder, die in Beziehung zu ihm stehen. Ob wir daran glauben oder auch nicht. Kann es denn sein, dass ich mich selbst erlösen muss, indem ich »Ja« sage? Kann es sein, dass irgendein Kind, das in der untersten Kaste in Indien geboren wird oder gerade in Afghanistan aus Mangel an Geld von den eigenen Eltern an einen Taliban verkauft wird, nicht erlöst würde, weil es keine Möglichkeit hat, »Ja« zu Jesus zu sagen? Wie gut, dass die Bewahrung des Glaubens nicht an mir hängt, sondern an Jesus, der am Kreuz »Ja« gesagt hat.[20] Und wie gut, dass Gott nicht auf meine Entscheidung warten muss, um mich dann zu erlösen und ich einen innerlichen Reifeprozess wählen darf, aber nicht muss, »um an dieser Erlösungswirklichkeit teilhaben zu können.«[21]

In den vergangenen Jahren durfte ich Heilung erfahren von all den Herausforderungen, die durch eine solch enge Glaubenslehre entstehen. Ich muss nicht mehr länger das »gute Mädchen« sein, das es allen recht macht, das versucht, allen zu gefallen. Ich durfte erfahren, was es bedeutet, Selbstwirksamkeit zu erlangen, zu wissen, dass alle Ressourcen in mir liegen, um herausfordernden Situationen im Leben zu begegnen und zu meistern. Ich glaube, dass Gott in mir lebt, ich Göttlichkeit in mir trage und damit auch ein inneres Wissen, das mir hilft, das Leben zu meistern. An Gott zu glauben, einen spirituellen Zugang zum Leben zu haben, ist ein großartiges Geschenk. Ein Geschenk, das auch in schwierigen Lebenssituationen, in denen man nichts anderes tun möchte, als jemanden anzuklagen, hoffen lässt und die Kraft verleiht, den nächsten Tag in Angriff zu nehmen. Ich musste viele religiöse Glaubenssätze wieder neu lernen. »Meine Sehnsüchte sind sündig.« – »Ich muss gerettet werden.« – »Ich bin dafür verantwortlich, andere zu retten.« – »Ich bin nichts ohne Gott.« und noch viele Sätze mehr musste ich auflösen. Die wichtigste Veränderung war dabei, dass aus dem Satz »Ich kann mir selbst nicht vertrauen.« die Überzeugung »Ich vertraue mir!« wurde.

Ich habe gelernt, alle Gefühle zuzulassen. Trauer und Wut beispielsweise, zwei Gefühle, die ich zu lange unter dem Deckmantel toxischer Positivität verborgen hatte. Wir sangen und beteten früher oft, dass wir Gott auch in Leidenssituationen dankbar sind. Wenn uns jemand Übles antat, vergaben wir ihm schnell, weil wir an die Bibelstelle dachten, dass »uns nur vergeben ist, wenn auch wir vergeben.«[22] Trauer und Wut in mein Leben zu lassen und diese Gefühle dann zu durchleben und aufzulösen, ist ein wichtiger Schlüssel für ein authentisches, heilsames Leben. Trauer und Wut waren zwei starke Gefühle, die mich in einem wichtigen Kapitel meines Lebens begleiteten, die ich aber erst viele Jahre später zulassen konnte.

»Wenn etwas Altes seine Kraft verliert,
dann ist immer schon etwas gutes
Neues auf dem Weg. Auch wenn wir es
oft noch nicht sehen können.«

Eva-Maria und Wolfram Zurhorst

II.
»Bis dass der Tod euch scheidet!«

Mit 15 Jahren fuhr ich mit der Jugendgruppe unserer Gemeinde auf eine so genannte Mitarbeiterfreizeit. Ich war mächtig stolz, dass ich »Mitarbeiterin« geworden und damit vom Status einer gewöhnlichen Besucherin »aufgestiegen« war. Als Teenagerin empfand ich es als eine Auszeichnung, jemand maß mir Talent und Wert bei, meine Gaben in einem größeren Rahmen einbringen zu dürfen. Meine beste Freundin und ich spielten Theater und Pantomime in unserer Gemeinde. Regelmäßig unterstützten wir mit unseren Darbietungen Predigten und wurden auch zu anderen Veranstaltungen eingeladen wie zum Beispiel zur Expo in Erfurt. Wir führten meist Stücke mit einem evangelistischen Charakter auf, durch die Zuschauer Jesus begegnen sollten. Regelmäßig beteten wir dafür, dass wir unsere Gaben nur Gott zu Ehren einsetzten, niemals stolz darauf seien oder gar annehmen könnten, wir hätten uns unser Können selbst erarbeitet. Es war ein Geschenk Gottes.

In der Jugendgruppe sollte ich mich auch als Mitarbeiterin kreativ einbringen, in Theaterstücken oder bei der Dekoration der Jugendräume. Ich war sehr motiviert. Mit anderen Jugendlichen zusammen zu sein, die die gleichen Ziele verfolgten und dieselben Werte teilten, das allein schuf schon eine einzigartige Verbundenheit. Und als 15-Jährige in einer Gruppe mit Jugendlichen zu sein, die teilweise drei bis fünf Jahre älter waren als ich, die einen aufnahmen in ihren Kreis und dabei scheinbar so viel cooler waren als man selbst, das fühlte sich wie eine echte Auszeichnung an. An diesem Wochenende verliebte ich mich zum ersten Mal so richtig. Und zwar in unseren Jugendleiter – den coolsten, witzigsten Typen, den ich je gesehen hatte. Er war drei Jahre älter als ich, trug einen Undercut mit langen Haaren und war die Coolness in Person mit seiner abgewetzten Lederjacke, seiner scheinbar unerschütterlichen Ruhe und dem tiefschwarzen, trockenen Humor.

Sonntags hatte ich Küchendienst. Ich trocknete Geschirr ab und er saß in meiner Nähe auf der Küchenanrichte. Er beobachtete mich die ganze Zeit. Jede einzelne Bewegung. Er musste da nicht sitzen, er war nicht zum Küchendienst eingeteilt. Ganz offensichtlich wollte er dort sein, suchte meine Nähe. Ich war etwas verunsichert, wusste nicht, ob ich mir nur einbildete, dass er mich unentwegt ansah. Das kam doch sehr unerwartet! Ich kannte Theo (Name geändert) schon vom Sehen seit meiner frühen Kindheit. Das heißt: Natürlich kannten wir uns bis dahin nicht wirklich, aber unsere Eltern besuchten mit uns schon immer die Gemeinde. Die erste Begegnung, an die ich mich erinnere, war sogar nicht besonders freundlich gewesen. Mit sechs Jahren durfte ich in den Kinderchor unserer Gemeinde gehen. Meine beste Freundin Elli war schon dabei und sie hatte mir vorher zwei Lieder in ihrem Lieferhefter gezeigt und vorgesungen. Ich wurde der Kindergruppe im Chor vorgestellt und die Chorleiterin sagte mir, ich dürfe mir ein Lied aussuchen, das wir dann singen würden. Das Privileg der Neuen. Ich kannte aber nur die zwei Lieder von meiner Freundin und nannte eines der beiden. Von hinten stöhnte jemand laut: »Oh nee, nicht das Lied!« Ich drehte mich um. Ein Junge mit einem runden Gesicht, braunen Haaren und einer großen Brille guckte mich an. Der war ja doof!

Einige Jahre später hatte ich einen elektrischen Spielzeughund geschenkt bekommen. Er war weiß, hatte weiches, langes Fell und eine rosafarbene Leine aus Plastik. Wenn man auf einen Schalter drückte, lief er entweder oder bellte und wedelte dabei mit seinem Schwanz. Ich war stolz; das war so ein toller Hund! Ich nahm ihn mit in die Gemeinde, um ihn meinen Freundinnen vorzuführen. Stolz ließ ich ihn nach dem Gottesdienst über den kleinen Vorhof unserer Gemeinde laufen. Dann hörte ich es spöttisch lachen und drehte mich um. Dieser blöde Junge mit der großen Brille stand da und lachte mich zusammen mit seinen Freunden aus.

Und nun war es eben dieser Junge, der neben mir saß und offenbar Interesse an mir hatte. Das verwirrte mich, zumal er inzwischen gar kein blöder Junge mehr war, sondern erwachsen und der Jugendleiter! Es kribbelte in meinem Bauch und ich spürte, dass hier gerade etwas passierte, dass dieser Mann meine Zukunft sein würde.

Und mein Gefühl täuschte mich nicht: Nur wenig später hatte ich meinen ersten festen Freund. Theo war aufmerksam, liebevoll und gut zu mir. Mit ihm war es so, wie man sich eine erste Beziehung mit 16 Jahren ausmalt. Ich bekam meine erste Rose zum Valentinstag von ihm, meine ersten wirklichen Liebesbriefe, mein erstes Kuscheltier vom Schießstand der Kleinmesse und wir lachten oft und verbrachten viel Zeit zusammen. Weil er aber der Jugendleiter war, hatte unsere junge Beziehung von Beginn an eine sehr ernste Note. Nicht nur, weil wir gelernt hatten, dass wir eine Liebesbeziehung nur führen würden, wenn wir uns vorstellen könnten, den Freund oder die Freundin auch zu heiraten, sondern auch, weil Theo in der Gemeinde als Vorbild galt. Daher war ein Ausprobieren oder Plänkeln nicht möglich. Es war ernst. Es ging direkt ums Heiraten. Mit 16 Jahren fühlte ich mich reifer als ich es tatsächlich war. Ich konnte mir darum wirklich vorstellen, mit ihm die Ehe einzugehen!

Doch dann stellte ich nach einem Jahr fest, dass wir sehr unterschiedlich waren, wir zu oft stritten und ich mir eine andere Zukunft erträumte. So beendete ich die Beziehung, mit viel Herzschmerz, Tränen und konfliktreichen Gesprächen.

Trotzdem blieben wir in einer Jugendgruppe zusammen. Er blieb mein Jugendleiter, ich war aber bemüht, so wenig Zeit wie möglich mit ihm zu verbringen und mich im Umfeld der Gemeinde und meiner Ex-Beziehung selbst zu finden. Einen Ehemann, die Liebe seines Lebens zu finden, war für mich eng mit meinem Glauben und meiner Lebensberufung verknüpft. Was hatte Gott mit mir vor? Welches Ziel hatte er für mein Leben? Mein Ehemann müsste das mittragen können.

◈ ◈ ◈

Gemeinsam mit anderen Jugendgruppen aus anderen Gemeinden Sachsens, fuhren wir regelmäßig auf so genannte Gebetswochenenden. Wir waren einmal in der einen Stadt oder Gemeinde, dann wieder in einer anderen. Im Frühling vielleicht in Chemnitz, im Herbst in Dresden und im Jahr darauf beispielsweise in Leipzig und Zwickau. Wir wurden eine große Gruppe 14- bis 25-Jähriger, die sich untereinander anfreundeten, erste Liebesbeziehungen knüpften und die eine große Sache verband: Der

Glaube an Jesus und das Wirken des Heiligen Geistes. Denn wir waren alle aus Pfingstgemeinden und diese kleine Nische, diese Subgruppe, war so einzigartig und besonders, dass es uns noch enger zusammenbrachte. Niemand sonst konnte wirklich verstehen, wie wir Glauben lebten.

Oftmals waren auch unsere Eltern und Großeltern schon in der Pfingstgemeinde. Die Familien waren durch Heirat miteinander verbunden, wodurch richtige Familiendynastien entstanden. Wir waren unserem Glauben sehr hingegeben; er hatte oberste Priorität. Dazu pflegten wir eine einzigartige Beziehung zum Heiligen Geist. Wir verstanden ihn als Person im Konzept des dreieinigen Gottes und beteten oft direkt zu ihm. Wir verstanden Jesus als unsere erste große Liebe, als Liebhaber. Einige trugen sogar – ganz ähnlich wie katholische Ordensschwestern nach dem ewigen Gelübde – einen Ring, als Zeichen dafür, dass sie mit Jesus verheiratet waren und warten wollten, bis Gott ihnen den einen richtigen Mann ins Leben schickt, den sie dann heiraten würden.

Wir verstanden uns dabei als sündige Menschen. Manche versuchten, heilig zu leben, immer besser zu werden und wollten sich am liebsten selbst geißeln und bestrafen, weil sie es nicht schafften, gänzlich heilig zu sein. Andere gaben diesen Versuch auf, brachen aus, rauchten, tranken oder suchten sich auf Partys jemanden, mit dem sie knutschen konnten. Es gab diese Versuche des rebellischen Ausbruchs, oft genug verbunden mit einem schlechten Gewissen danach. Auf einem solchen Gebetswochenende im Jahr 2003, hatte ich das Gefühl, Gott habe mich persönlich angesprochen. Ich war 17 Jahre alt.

Es war Samstagabend und ein Missionar war zum Predigen eingeladen worden. Er hieß Tobias. Die Stimmung war wie elektrisch aufgeladen, wir hatten schon eine Stunde lang Lobpreislieder gesungen und gebetet. Ich sehnte mich nach Jesus und nach einer Begegnung mit ihm. Ich hatte auch den Eindruck, dass es allen anderen ebenfalls so ging, dass diese kollektive Erfahrung dieses Sehnen nach Mehr von Jesus noch verstärkte. Ich erinnere mich nicht, worüber Tobias predigte, aber ich erinnere mich sehr gut an die anschließende Gebetszeit. In mein Tagebuch schrieb ich über die darauffolgenden Minuten später:

> »... Dann ging es um Berufung ... diejenigen, die etwas empfangen wollten (Anmerkung: eine Prophetie), sollten vorkommen, aber ich ging nicht, denn ich war mir sicher, dass ich Psychologie studieren wollte. Aber auf einmal hatte er (Tobias) verschiedene Eindrücke. Einer davon: »Hier ist ein Mädel unter uns, die wird predigen und Männer werden ihr zuhören. Kann sie bitte mal vorkommen?« In dem Moment machte es »Peng« in mir und er sprach weiter: »Du weißt in deinem Herzen, dass du gemeint bist.« Ich dachte nur »oh-oh« und »Herr, das kann doch nicht sein. Meinst du mich? Ich kann doch gar nicht reden!« Und er sagte: »Du machst jetzt eine tiefe Selbsterkenntnis«. Ich: »Oh Herr! Du meinst, du willst mich?« Denn ... niemand ging vor. Aber ich auch nicht. ... Nach dem Lobpreis bin ich zu dem Prediger und seiner Frau gegangen. Ich habe ihnen meine Situation erklärt und gefragt, ob sie noch einmal mit mir beten könnten, weil ich es vorhin nicht geschafft hatte, nach vorne zu kommen.«

Die beiden beteten für mich und hatten einen weiteren Eindruck. Für mich sollte es zwei Wege geben. Einen gewöhnlichen, in dem ich Menschen helfen, Psychologie studieren und glücklich sein, aber Gott in seiner großartigen Fülle nicht erleben würde.

Und einen geistlichen Weg, auf dem ich viele Wunder und tiefe Erfüllung, aber auch viel Schmerz und Kummer erleben würde.

Ich war sehr glücklich danach. Ich fühlte mich gesehen von Gott und teilte diese Berufung, die Prophetie, mit meinen engsten Freunden.

In den Wochen und Monaten nach diesem Wochenende grübelte ich darüber nach, inwiefern mein Wunsch Psychologie zu studieren mit dieser Berufung zusammengehen könnte und inwiefern ich eigentlich sicher sein konnte, dass wirklich ich mit der Prophetie gemeint war. Ich recherchierte die Telefonnummer des Predigers und rief ihn an: »Hey«, sagte ich am Telefon. »Ich weiß nicht, ob du dich erinnerst. Du hattest auf dem letzten Gebetswochenende einen Eindruck über eine Berufung und ich hatte mich angesprochen gefühlt. Aber …«, ich druckste herum. »Kannst du mir sagen, woher ich weiß, dass dein Eindruck wirklich mir galt?«

Tobias antwortete direkt, er war sich scheinbar ganz sicher: »Priska, wenn du dich angesprochen gefühlt hast, dann hat der Geist Gottes in dir gewirkt und dann war mein Eindruck für dich.« Als wir das Telefonat beendeten, spürte ich Freude und gleichzeitig war ich immer noch verwirrt. Die Frage, was ich mit meinem Leben anstellen sollte, war plötzlich auch eine nach Gottes Plan für mein Leben geworden. Diesen wollte ich auf keinen Fall verfehlen!

Ich diskutierte meine berufliche Zukunft auch in meinem Freundeskreis in der Kirchengemeinde. Ich wollte den Rat meiner Freunde hören, denn die meisten von ihnen hatten einen persönlichen Zugang zu Gott, hörten sein Reden und hatten prophetische Eindrücke. Einer sagte direkt zu mir: »Priska, du bist dafür geschaffen, um in Vollzeit Gott zu dienen. Nicht nebenbei, als Psychologin, sondern im vollzeitlichen Dienst.«

Trotzdem wollte ich mich erst einmal für Psychologie einschreiben. Ich wandte mich an die Universität in Leipzig und fuhr zu einer freien christlichen Ausbildungsstätte. Dort lernte ich eine Frau kennen, die mir erzählte, dass ihr Mann auf einem Theologischen Seminar studiert und dieses einen psychologischen Schwerpunkt hatte. Ich wurde hellhörig.

◈ ◈ ◈

Im Nachhinein betrachtet, sehe ich, dass ich meinen Lebensweg auch anders hätte gehen können, und ich bezweifle, dass Gott einen festgelegten Plan für jedes individuelle Leben hat. Die Idee, dass Gott einen perfekten Plan für unsere Leben hat, ist die Folge einer weißen, westlichen Weltsicht und ist, gelinde gesagt, borniert. Denn kann es tatsächlich Gottes Plan für Millionen von Menschen sein, in gefährlichen Minen nach seltenen Erden für die Mobiltelefone der Menschen im Norden zu graben, in Slums zu vegetieren, von Rebellengruppen terrorisiert zu werden und niemals Zugang zu Bildung und sozialem Aufstieg zu erhalten?

Berufung hieß damals für uns, Gott mit unserem Leben anzubeten, zu evangelisieren, anderen Menschen die frohe Botschaft zu erzählen, ohne Unterlass zu beten und in kleinen Dingen treu unseren Dienst für den Herrn zu tun. Aber es hieß auch, dass es eine große Ehre war, eine Berufung für den vollzeitlichen Dienst zu bekommen. »Vollzeit dem Herrn zu dienen«, wie wir damals sagten. Und ich sollte das tun.

Ich hatte unglaublich wenig Lust auf eine Bibelschule, geschweige denn auf ein Theologiestudium, aber wenn das Gottes Plan für mein Leben war, würde ich das tun. So entschied ich mich mit 18 Jahren nachts an unserem Küchentisch, als ich ganz allein mit meiner Bibel in der Stille saß, diesen Weg zu gehen.

Ich machte in den darauffolgenden Wochen und Monaten mein Abitur. Ich hatte Religion als Leistungskurs, es machte mir sehr viel Freude, die theologischen Texte zu lesen, Hintergründe zu verstehen und zuzulassen, dass mein Glaube durch Exegese und Religionskritik herausgefordert wurde. Meine Abiturklausur schrieb ich über die Schöpfung von Mann und Frau und freute mich, dass ich hebräische Begrifflichkeiten einfließen lassen konnte.

◈ ◈ ◈

Im Herbst nach meinem Abitur zog ich über 600 Kilometer weit weg in den Schwarzwald auf den Kniebis, einen Bergrücken in der Nähe von Freudenstadt. Im gleichnamigen Dorf gibt es das Europäische Theologische Seminar, eine Bibelschule, die eine Kooperation mit der amerikanischen LEE University in Cleveland, Tennessee, unterhält. Menschen aus den verschiedensten Nationen – Briten, US-Amerikaner, Inder, Pakistani, Spanier, Rumänen und noch viele andere – leben und studieren dort zusammen. Man spricht Englisch miteinander, der Unterricht wird oft ins Deutsche übersetzt.

Die verschiedenen Menschen kennenzulernen, Rücksicht hinsichtlich unserer unterschiedlichen Kulturen aufeinander zu nehmen, der wunderschöne Schwarzwald, und die Erweiterung meines Horizonts taten mir gut. Ich fühlte mich wohl. Und das, obwohl die Bibelschule noch viel pfingstlicher war als ich es kannte und obwohl es noch viel mehr Verhaltensregeln gab. Die Schule gehört zur Church of God und diese pflegt ein nochmal anderes Verständnis des Heiligen Geistes als meine Herkunftsgemeinde, wobei sie auch Wurzeln in einer Heiligungsbewegung hat. Allerdings studierten auf dem Kniebis nicht nur Menschen, die von der Church of God kamen. Somit fanden hier viele verschiedene evangelikale religiöse Prägungen zusammen.

Ein ungeschriebenes Gesetz war, dass bei gemeinsamen Gebeten überhaupt nicht normal gebetet wurde, sondern alle sofort laut und in Zungen sprachen. Wer das nicht konnte, der war nach dem theologischen Verständnis derjenigen, die der Church of God angehörten, nicht mit dem Geist Gottes getauft worden. Die Zungenrede wurde dabei nicht ausgelegt. Irgendwann betete dann jemand aus der Versammlung laut und im Namen aller in einer für alle verständlichen Sprache. Als ich dies die ersten Male erlebte, war ich zunächst irritiert und sogar ein bisschen geschockt, dann aber auch fasziniert. Meine theologischen Überzeugungen behielt ich für mich und fragte mich, ob hier vielleicht weniger der Heilige Geist, als vielmehr der Druck oder die hochkochenden Emotionen einer Gruppe am Werk waren.

Alkohol und andere Suchtmittel waren genauso streng verboten, wie das Zusammensein eines Mannes und einer Frau allein in einem Raum bei geschlossener Tür. Dass Männer und Frauen sich gegenseitig auf den Zimmern besuchten galt natürlich auch als tabu. Viele hielten sich nicht daran, ich wollte die Regeln aber nicht brechen, nicht auf der Bibelschule – nicht ausgerechnet an diesem Ort. Aber ich wusste: Mit einem festen Freund würde ich an diesem Ort mit seinen unzähligen Regeln nicht dauerhaft leben wollen.

Meine Freundin Elli besuchte mich kurz nachdem ich auf den Kniebis gekommen war. Sie brachte Theo mit, weil der sich ebenfalls für ein Bibelschulstudium an einem Theologischen Seminar interessierte. Ich zeigte ihnen alles, führte sie herum und hatte dabei das Gefühl, dass Theo sehr oft meine Nähe suchte und mir etwas zu oft tief in die Augen sah. Ich hatte auch das Gefühl, dass er sich verändert hatte, und dass auch ich noch etwas für ihn empfand.

Innerhalb kürzester Zeit waren wir wieder ein Paar und nur wenige Monate später machte er mir auch schon einen Antrag. Er hatte sich entschieden, ebenfalls den Bachelor in Theologie zu machen. Ich war hin- und hergerissen. Einerseits wollte ich auf keinen Fall mit ihm zusammen als Paar auf dem Kniebis leben. Andererseits waren wir so verknallt, dass wir Tag und Nacht zusammensein wollten. Das war aber nur möglich, wenn wir zusammenzogen. Zusammenziehen konnten wir aber nur, wenn wir heirateten. Das schrieben nicht nur die Regeln der Bibelschule vor, das war auch unsere eigene Überzeugung. Denn Sex vor der Ehe war nun einmal Sünde. Also heirateten wir, um nicht zu sündigen.

Die Professoren auf der Bibelschule rieten uns davon ab, unsere Eltern ebenfalls, aber ich fühlte mich alt genug und in der Lage, diese Entscheidung von so großer Tragweite treffen zu können. Außerdem war es in unserer kleinen Bubble nicht ungewöhnlich, so jung zu heiraten. Ich hatte also keine Angst vor der Ehe, es fühlte sich natürlich an, wohl auch deshalb, weil wir als sehr junges Ehepaar im Freundeskreis nicht allein waren. Ich heiratete meinen besten Freund und sehnte mich danach, mit ihm zusammenzuleben.

Ich besorgte uns ein Buch zur Ehevorbereitung, das wir gemeinsam durcharbeiteten. Darin gab es ein ganzes Kapitel über die verschiedenen Formen der Liebe. Unterschieden wurden die sexuelle Liebe, also das bloße Verlangen, und die Lust, die oft mit Liebe verwechselt werde. Das Buch beschrieb das Verliebtsein mit diesem Kribbeln im Bauch. Aber auch das sei keine Liebe. Die einzig wahre Liebe, die bedingungslos liebt, gottähnlich, sei die Agape-Liebe. Das sei die Liebe, für die man sich entscheiden müsse, die Liebe, die sich für den Partner entscheide.

Theo war damals genau dieser Überzeugung, nämlich dass Liebe eine Entscheidung sei und kein Gefühl. Und dieses Buch gab ihm Recht. Liebe war eine Entscheidung. Ich war mir zwar nicht so ganz sicher, ob er tatsächlich meine große Liebe war und nicht nur mein bester Freund, aber ich musste mich, wie ich jetzt wusste, ja einfach nur entscheiden. Danach musste ich mir keine Gedanken mehr machen, ob ich noch jemanden anderes finden würde, der vielleicht noch besser passte und da mein Selbstwertgefühl nicht sehr hoch war, war ich total glücklich, dass so ein cooler Typ sich tatsächlich für mich entschieden hatte.

Ich heiratete mit 19 Jahren, in der Pfingstgemeinde unserer Eltern. Es gab die typische Predigt bei der drei Seile hochgehalten werden, die, wenn man sie flechtet, ein festes Band ergeben. Das geflochtene Seil repräsentiert Mann und Frau in Verbundenheit mit Gott. Es ist ein klassisches Bild, das damals immer genutzt wurde, um zu verdeutlichen, dass eine Ehe nur mit Gott glücklich und funktionieren wird. Wenn Gott dabei ist, wenn wir gemeinsam beten und nach seinen Geboten und Richtlinien leben, dann wird unsere Ehe halten, bis der Tod uns scheidet.

Nun, das tat sie nicht. Wir waren naiv gewesen: Zwei komplett verschiedene Charaktere trafen aufeinander. Es gab menschliche Verletzungen, Versagen, Unverständnis, Kommunikationsschwierigkeiten. Ich war enttäuscht. So hatte ich mir das nicht vorgestellt! So war Ehe? Ich weinte viel, war verzweifelt und wir suchten uns schnell Hilfe bei psychologischen Beratern. Doch mit niemandem sonst sprach ich über unsere Herausforderungen. »Seine Ehe bespricht man nicht mit Dritten«, war uns eingebläut worden. »Sonst holt man sich eine dritte Person mit in die Ehe hinein.«

Ich machte meinen Bachelor-Abschluss in Theologie und arbeitete nebenher als Praktikantin in einer Pfingstgemeinde in Freudenstadt. Mein Mann und ich waren die Leiter der Jugendgruppe und konnten uns in dieser Arbeit frei entfalten. Wir feierten große Partys, lasen in der Bibel, machten viele Ausflüge gemeinsam, führten bei Evangelisationen auf der Straße Tanz-, und Theaterstücke auf, fuhren auf Jugendfreizeiten. Ich genoss es, meinen Glauben weitertragen zu können und zu dürfen. Ich liebte die Jugendlichen, die nur wenig jünger waren als ich selbst. Eine unvergleichlich schöne Zeit in einer unvergleichlich schönen Gemeinde, die ich sehr liebte.

◈ ◈ ◈

Doch überall, wo Licht ist, gibt es auch Schatten. Unsere Beziehung als Ehepaar war herausfordernd. Wir harmonierten nicht miteinander, stritten beinahe täglich. Wir waren uns vertraut, mochten aber viele Eigenschaften am anderen nicht.

Für die konservative Gemeinde in der schwäbischen Kleinstadt im Schwarzwald war ich sicherlich so etwas wie eine glitzernde

Großstadterscheinung. Ich rechne den Menschen in der Gemeinde hoch an, wie gut sie mich aufgenommen haben und bis heute liebe ich die Menschen dort sehr. Ich hatte kein einziges Mal in diesen Jahren das Gefühl, mich verstellen zu müssen oder nicht authentisch sein zu können. Es war ein Geschenk, solch eine Gemeinschaft finden zu dürfen. Ein großes Glück war noch dazu, dass gerade erst ein junger Pastor die Gemeinde übernommen hatte und er eine unheimlich gute theologische Arbeit machte. Seine Predigten waren beeindruckend in der Auslegung, klar und stark stand er für seine Überzeugungen ein und war sich auch nicht zu schade, zu besonderen Anlässen die gesamte Gemeinde zu verblüffen, indem er sich z.B. von der Empore abseilte, oder als Bär verkleidet zu einem Kinderlied mit dem Po wackelte. Er und seine Frau waren progressiver in ihrer Theologie, sie prägten mich auf eine freundliche, unaufgeregte Art und Weise.

Ich machte mein Jahrespraktikum bei ihnen. Sie verschafften mir eine Anstellung, ich predigte und wir machten viele Theateraufführungen – im Gottesdienst oder auch bei öffentlichen Veranstaltungen. Doch das gefiel nicht jedem in der Gemeinde. Einmal stand ein Mann auf, als ich gerade ein Theaterstück spielte, und rief, dass Satan in die Gemeinde Einzug gehalten habe durch mich. Auch andere waren der Meinung, ich würde mich nicht heilig genug verhalten. Der Pastor stellte sich immer vor mich, gab mir Rückendeckung und verteidigte mich. Als wir einmal unter uns waren, sagte ich ihm: »Ich werde nie so ein dickes Fell haben wie du. Ich bin theologisch nicht so versiert und wüsste gar nicht, wie ich all die Kritik wegstecken solle.« »Ach, das lernst du«, antwortete er nur. »Das ist wichtig in dem Beruf.« Mich verunsicherte diese Antwort. Konnte ich das lernen? War das wirklich der richtige Beruf für mich?

Nach dem Praktikum bekam ich meinen Bachelorgrad und wir zogen nach Crailsheim, ebenfalls in Baden-Württemberg. Dort stellte mich eine Pfingstgemeinde an. Nur für ein halbes Jahr, denn ich war schwanger mit unserem absoluten Wunschkind. Der Umzug war herausfordernd für mich. Ich vermisste den Schwarzwald außerordentlich und weinte ihm monatelang bittere Tränen nach. Andererseits mochte ich die Arbeit als Jugendreferentin gern. Nebenbei fuhren wir für einige Kurse nach Beröa, der Bibelschule des Bundes freikirchlicher Pfingstgemeinden. Trotz aller Zweifel blieb es mein Ziel, Pastorin zu werden.

Die Menschen in der Gemeinde in Crailsheim waren freundlich, nahmen uns schnell auf und waren dankbar, dass wir da waren. Bis heute erinnere ich mich an viele Gesichter und freue mich, dass ich sie kennenlernen durfte. In der Gemeinde gab es sehr viele rumänische Familien. Die Frauen dieser Familien trugen mitunter im Gottesdienst auch Kopftücher. Ich traute mich nie zu fragen, wie es für sie war, aber ich bewunderte ihre Toleranz mir gegenüber, denn ich durfte predigen und mich frei entfalten, ohne dass mir jemand Vorschriften machte, was ich zu tragen oder wie ich zu sein hätte.

Die Arbeit lag mir, ich blühte darin auf und konnte meine Gaben und Talente munter einbringen. Aber ich spürte auch etwas in mir, das ich nicht richtig einordnen konnte. Während es in Freudenstadt egal gewesen war, wo ich im Gottesdienst saß oder ob ich bei den Liedern aufstand oder nicht, wurde in Crailsheim von mir – nicht ausdrücklich, aber doch deutlich – erwartet, dass ich in der ersten Reihe saß, bei den Lobpreisliedern stand und am besten noch meine Hände gen Himmel streckte. Ich sollte eine Vorbildfunktion wahrnehmen und ich konnte das nachvollziehen, aber ich fühlte mich manchmal so, als würde ich alle anderen manipulieren und eine Scheinwelt aufbauen. Ich fühlte mich nicht authentisch. Und während der gesamten Zeit schwelten zudem die Konflikte in unserer Ehe.

Nach der Geburt unseres Kindes ging ich in Elternzeit und Theo übernahm meine Stelle. Es wurde für uns immer holpriger. Ich hatte nach der Geburt Symptome einer posttraumatischen Belastungsstörung und Theo eine schwierige Arbeitssituation. Wir weinten viel. Unsere gemeinsame Tochter war dagegen ein großes Glück, eine wunderschöne, zuckersüße Prinzessin, die so unkompliziert war, dass ich immer wieder unausgelastet war und mich langweilte. Trotzdem war es mir oftmals eine willkommene Ausrede, ein Baby zu haben, um nicht in den Gottesdienst gehen zu müssen. Mit dieser Ausrede konnte ich mich, ohne dass jemand groß nachfragte, immer mehr zurückziehen. Ich stand in einem Zwiespalt: Ich wollte mich einerseits zu meinem Mann stellen, konnte aber andererseits mit niemandem darüber sprechen, dass ich meine Ehe als schwierig und herausfordernd empfand und ich mich nicht wohlfühlte. Als es Theo immer schlechter ging, machten wir uns auf die Suche nach einer neuen Arbeitsstelle.

Wir fanden freundliche Menschen und offene Arme im Pfingstgemeindebund. Schließlich entschlossen wir uns, wieder zu unseren Familien nach Leipzig zu ziehen.

◈ ◈ ◈

Theo und ich spürten große Sehnsucht, eine Gemeinde zu gründen, die kulturell möglichst nah an unserer Generation war, sodass gerade junge Menschen kommen und sich wohlfühlen konnten. Eine postmoderne Gemeinde, die alte, liturgische Inhalte mit ganz neuen und zeitgemäßen Formen zusammenbrachte. Wir fanden eine junge Gemeinde in Mainz, die bereit war, diesen Traum mit uns zu leben, und in Sachsen die Unterstützung, die wir brauchten, um unsere Pläne in die Tat umzusetzen.

Aber etwas in mir, tief in meinem Herzen, war verzweifelt. Unsere ganze Arbeit ruhte auf dem Bestehen unserer Ehe. Nach außen hin klappte das auch prima. Ich stieg bei der Jugendbewegung des Gemeindebundes ein, arbeitete in ganz Sachsen und sollte diese Aufgabe eventuell sogar als Leiterin übernehmen. Ich liebte diese Arbeit über alles. Da ich offiziell aber noch in Elternzeit war, machte ich sie sogar ehrenamtlich. Ich liebte den Beruf und die Menschen so sehr, dass ich unheimlich gern meine Zeit darin investierte. Aber die Enge der Konventionen und Erwartungen nahmen mir zunehmend die Luft zum Atmen. Hinzu kam die beängstigende, aber wachsende Gewissheit, dass ich meine Ehe nicht würde fortsetzen können »bis dass der Tod uns scheidet«. Ich funktionierte und machte Coachings bei Jugendgruppen und Gemeinden, moderierte, predigte, machte Fernsehsendungen bei einem christlichen Sender über unsere Gemeindegründung, fuhr nach Beröa und schrieb meine Ordinationsarbeit.

Doch über meine Eheprobleme, die immer schwerwiegender wurden, sprach ich mit niemandem. Inzwischen stritten wir nicht mehr; wir waren zu müde dafür. Wir schwiegen uns an. Ich hatte aufgegeben, aber ich wusste nicht, wie ich die Ehe verlassen und weiterhin Pastorin sein könnte. »Du hast die Wahl«, sagte meine Freundin Jule zu mir, der ich mich schließlich doch offenbarte. »Ich habe nicht wirklich eine Wahl, ich verliere meinen Job, mein ganzes Leben«, erwiderte ich. »Man hat immer eine Wahl«, sagte sie.

Schließlich sah auch ich diese Möglichkeit und traf eine Entscheidung. Als wirklich nichts mehr ging, trennten wir uns.

◈ ◈ ◈

All die Menschen, die uns gefördert hatten, die an uns geglaubt hatten, die Geld investiert hatten, uns ihr Vertrauen, ihre Freundschaft und Liebe geschenkt hatten, waren vor den Kopf gestoßen. Sie waren zutiefst enttäuscht und entsetzt, dass so etwas passieren konnte. Sie waren in den Grundfesten ihrer Überzeugungen und in ihrem Urvertrauen erschüttert. Ich hatte den Eindruck, dass es ihren Augen so war, als sei eine Familie gestorben, zumal niemand bis dahin etwas von unseren Problemen mitbekommen hatte und die Überraschung darum groß war.

Es brach eine schwierige, dunkle Zeit in meinem Leben an. Aus Partnern wurden Feinde, wir trauten einander nicht mehr über den Weg und sagten die schlimmsten Dinge zueinander. In dieser Zeit waren Mitmenschlichkeit und Mitgefühl einiger andere Menschen das, was mich trug.

Inmitten dieser schockierenden Situation, während Freunde aus der Gemeinde, unsere Mentoren, Leiter und alle, die mit uns zusammengearbeitet hatten, sich zurückzogen, erwies mir der damalige Leiter des Bundes freikirchlicher Pfingstgemeinden seine Zuwendung. Ich hatte ihn persönlich und proaktiv angerufen und über die Situation in Kenntnis gesetzt. Er hatte mir gut zugesprochen und mir nur wenige Tage später eine private Karte geschickt und Geld dazugelegt. Er schrieb, ich solle mir mit meiner Tochter eine gute Zeit machen. Ich stand an meinem Briefkasten und weinte leise. Während um mich herum alles zusammenstürzte, alle Geldzuweisungen gestoppt wurden, die Gemeindegründung endete, meine berufliche Zukunft vollkommen ungewiss war, spendete dieser väterliche Gruß meiner Seele Trost.

Ich habe so viel Angst davor gehabt, die Entscheidung zur Trennung zu fällen, und ja, innerhalb kürzester Zeit verlor ich meinen Beruf und viele Freunde. Doch Angst sollte mich nicht davon abhalten, mich in eine unbekannte Zukunft voller Abenteuer zu stürzen. Angst sollte mich nicht machtlos machen, sondern meine Kräfte aktivieren, die mich auf neues, unbekanntes Terrain führen sollten.

Ich musste meine Ketten sprengen und in eine Zukunft springen, die ich mir nie ausgemalt hatte. Meine Komfortzone musste ich entschlossen verlassen und dadurch ergaben sich Möglichkeiten, die mich wachsen ließen und die mir ein ganz neues Leben schenkten.

◈ ◈ ◈

Zu heiraten ist eine der verbindlichsten Entscheidungen im Leben. Eine Ehe macht aus zwei Menschen nicht nur eine Familie, sondern auch eine Gemeinschaft vor dem Recht mit allen Konsequenzen, die das hat. Man wird in wirtschaftlicher Hinsicht eine Einheit. Wenn Kinder dazukommen, teilt man sich das Sorgerecht. Diese äußeren Verbindungen und Verbindlichkeiten werden durch die innere Bindung ergänzt, die unweigerlich entsteht. Zusammen in einer Wohnung zu leben, lässt die Partner zusammenwachsen. Man teilt Ansichten, man diskutiert, man lebt zusammen. Und wenn man sich miteinander auseinandersetzt, reiben sich die Verschiedenartigkeiten aneinander.

Im besten Fall wird man durch das gemeinsame Leben, durch die Reflexion im Gegenüber zu einem besseren Menschen. Kindheitswunden und Charakterschwächen werden offenbar und spiegeln sich im Gespräch mit dem geliebten Partner. Eine Ehe kann darum wunderschön sein. Auch romantisch. Es wundert nicht, dass viele Menschen auch nach einer gescheiterten Ehe wieder heiraten.

Mit 19 Jahren zu heiraten war in meinem Fall das Verrückteste und Blödeste, was ich tun konnte. Dennoch bin ich unendlich dankbar, dass ich es getan habe und dass dieser Mann und ich eine wunderbare gemeinsame Tochter bekommen haben. Je älter ich werde, desto mehr kann ich die Tragweite dieser Entscheidung abschätzen und würde meinem jüngeren Ich gern etwas anderes raten. Doch andererseits ist es der Mut, der uns Erfahrungen machen lässt.

Eine Scheidung ist im ersten Moment eine Erlösung. Aber sie bedeutet nicht, dass man danach glücklicher ist. Sie ist nur der schwierige Ausweg, wenn das Miteinander zerstörerisch wirkt. Die Aufgabe, sich mit den eigenen Wunden zu beschäftigen und nach den Ursachen zu forschen, die zum Scheitern der Beziehung führten, bleibt.

Ich hätte schon viele Jahre früher die Entscheidung treffen müssen, die Ehe zu verlassen. Ich blieb zu lange, aus gesellschaftlicher, egoistischer und religiöser Motivation. Ich wusste um die Konsequenzen einer Trennung und war zu ängstlich, sie zu tragen. Ich übernahm keine Verantwortung, versuchte stattdessen, mich aus der Ehe zu stehlen, indem ich meinen Mann dazu brachte, diese Entscheidung zu treffen und sie mir dadurch abzunehmen. Ich war damals nicht in der Lage, eine selbstständige, mündige, selbstwirksame Entscheidung zu treffen und bin heute dankbar, dass er die Stärke hatte, sie für uns treffen zu können.

Doch ist eine Ehe, wenn sich das Paar entscheidet auseinanderzugehen, denn wirklich gescheitert? Zeigt es nicht vielmehr Mut, sich nach unendlich viel Schmerz und gegenseitigen Verletzungen, aus der Ehe herauszubewegen, um für sich selbst einzutreten und eine Zukunft zu finden? Eine Familie scheitert, der Traum des gemeinsamen Altwerdens platzt und das führt zu großer Trauer bei allen Beteiligten. Ich fühle mich jetzt, viele Jahre später, ausgesöhnt mit meiner Lebensgeschichte und allen, auch falschen Entscheidungen, die ich getroffen habe und die so viele Menschen verletzt haben. Ich konnte mir selbst vergeben.

◈ ◈ ◈

Es gibt verschiedene Möglichkeiten, um Krisen und das eigene Scheitern zu bewältigen. Alle darzulegen, würde hier den Rahmen sprengen. Doch einige Gedanken möchte ich gern teilen.

Wir schieben gern die Schuld am Scheitern auf andere Menschen, auf Gott, auf die Umstände, oder, manche Christen jedenfalls, auch gern auf den Teufel. Die eigene Verantwortung wahrzunehmen und die eigene Rolle im Scheitern zu akzeptieren, ist aber der erste Schritt, um überhaupt etwas verändern und verbessern zu können. Indem wir unsere eigene Verantwortung wahrnehmen, treten wir aus einer passiven Opferhaltung heraus und kommen in eine aktive Handlungsposition. Wir können aus unseren Fehlern lernen, es besser machen, praktische Lösungen suchen oder auch annehmen, dass wir versagt haben. Für mich ist es dabei ein schöner Gedanke, mich im Scheitern von Gott getragen zu wissen.[1]

Auch Jesus weiß, wie es sich anfühlt zu scheitern. Er hat Angst, als er im Garten Gethsemane seiner Verhaftung entgegensieht. Er bittet Gott darum, den Kelch des Todes an ihm vorbeiziehen zu lassen, fühlt sich von ihm verlassen. Dass ihm ein Engel erscheint und ihm neue Kraft gibt, wurde erst später im Lukasevangelium zugefügt. Seine Freunde verrieten ihn, für die Tempelaristokratie war er ein religiöser Störenfried, die Römer verspotteten ihn als König der Juden, setzten ihm eine Dornenkrone auf und gaben ihm einen purpurfarbenen Mantel. Sie folterten ihn und er starb neben zwei Übeltätern, als einer von ihnen. Im Markusevangelium, Kapitel 15 Vers 34 ist überliefert, dass Jesus im Moment seines Todes ruft »Eloí, Eloí, lemá sabachtháni?«, was übersetzt heißt: »Mein Gott, mein Gott, warum hast du mich verlassen?« Dieser Satz stammt aus Psalm 22 und war das Sterbegebet jedes frommen Juden. Jesus stirbt mit einem Schrei der Verlassenheit.

Wie jeder Mensch tritt Jesus mit dem Tod in eine Dunkelheit. Berichte von Begegnungen mit dem auferstandenen Jesus findet man in sehr alten Handschriften des Markusevangeliums nicht. Ursprünglich endet es damit, dass einige Frauen das leere Grab entdecken und mit Schrecken fliehen.[2] »Und sie sagten niemandem etwas davon, denn sie fürchteten sich.« [3]

Aus menschlicher Sicht war Jesus in seiner Mission gescheitert. Doch weil Jesus in Gott hineinstarb, wendete sich sein Scheitern. Jesus war als Geringster in die Welt gekommen, in einem Stall geboren und wurde als Verbrecher verurteilt. Jesus ging nach seinem Tod in das Reich des Todes, die Unterwelt, wie es im Lateinischen heißt. In unserem Verständnis war diese Unterwelt ein Zustand der Hölle, des vor Gott gescheiterten Lebens. Jesus ging in das Scheitern hinein. Und so kennt er auch unsere eigenen Höllen des Lebens, unser eigenes Scheitern.

Die Liebe zwischen zwei Menschen erträgt manchmal eben nicht alles und hält auch nicht allem stand. Sie ist keine göttliche Agape-Liebe, sondern ein Miteinander von zwei Individuen, die es manchmal einfach nicht schaffen, zusammen altzuwerden, und für die es das Beste ist, auseinanderzugehen. Diese Option des Scheiterns ist jedoch in vielen, sehr engen christlichen Kreisen noch nicht akzeptiert.

»Gott hasst Scheidung«, ist ein Satz, der mir früher sehr oft gesagt wurde. Aber Gott hasst auch viele andere Dinge, die wir Menschen tun. Christen glauben, dass die Ehe ein göttlicher Bund ist, in dem Sinne, dass Gott aktiver Teil des Bundes ist. Doch davon steht in der Bibel nichts. Ehe im biblischen Kontext entsprach nicht dem, was wir heute darunter verstehen.

Das Problem für Christen heute ist die Sorge, bei einer Scheidung das Gesicht zu verlieren, aus dem Gemeindekontext zu fallen und die Sorge, den Bund mit Gott zu brechen. Aus Erfahrung weiß ich: Durch eine Scheidung kann man von der Gemeinschaft verlassen werden. Aus der Gnade Gottes fällt man aber nicht.

»Wenn Scham, Schuldgefühle und Selbstverdammnis die Früchte meiner Glaubensüberzeugung sind, dann ist an der Wurzel etwas gewaltig faul!«

Angelika Heinen[1]

III.
»Sündige nicht, sondern lebe heilig!«

Im Frühling 2012 waren meine Freunde und Freundinnen, die nicht aus meiner Gemeinde kamen, ständig für mich da und ließen nicht zu, dass ich allein in Selbstmitleid Kummer und Scham versank. Sie nahmen mich, wann immer es möglich war, mit, wenn sie durch Bars zogen, Spieleabende machten oder zum Tanzen gingen. Sie kamen mich zu Hause besuchen, brachten mir Essen vorbei. Ich fühlte und sah ihre Liebe täglich und war sehr dankbar dafür. Sie halfen mir durch eine schreckliche Zeit in meinem Leben.

Ungefähr einen Monat zuvor hatte ich wieder begonnen, Vorlesungen und Seminaren zu besuchen. Ich hatte beschlossen, noch einmal Theologie zu studieren. Zwar wusste ich noch nicht, ob ich in einigen Monaten oder Jahren wieder als Pastorin arbeiten würde oder nicht, wollte aber gern mein Graecum und Hebraicum machen und meinen Lebenslauf als Theologin festigen. Vor allem suchte ich Zukunft und Hoffnung und gleichzeitig Halt in der Identität, die ich mir geschaffen hatte. Ich wollte Pastorin sein, das war die Konstante in meinem Leben. Das wollte schließlich auch Gott von mir; oder wollte ich nur, dass es meine Berufung war? Der Beruf war meine Identität geworden.

Es war ein Frühling, der mich zwischen Kummer, Traurigkeit, Zuversicht und Freude hin- und herschwanken ließ.

An einem Samstagabend verabredete ich mich mit meiner Freundin Sara zum Tanzen. Einer meiner Nachbarn veranstaltete eine Studentenparty in einem riesigen Club in Leipzig und hatte uns dazu eingeladen. Im Laufe des Abends eröffnete sie mir, dass ihr Freund und noch zwei weitere Freunde von ihm, uns begleiten würden. Ich war nicht begeistert, wollte lieber allein sein und verspürte nicht viel Vorfreude darauf, neue Menschen kennenzulernen. Doch widersprechen konnte ich nicht mehr, denn nur fünf Sekunden später verkündete sie: »Ach, da sind sie ja schon!«

Ich drehte mich um und sah Saras Freund und zwei andere Männer. Groß und sportlich. Wir begrüßten uns. Einer trug seinen Arm in einer Schlinge. »Gehst du etwa so tanzen?«, fragte ich flapsig. Er grinste und meinte, es sei sein erster Abend außer Haus nach sechs Wochen Genesungszeit, in der er die Wohnung nicht verlassen hätte.

Wir kamen direkt ins Gespräch. Björn hieß er. Wir setzten uns nebeneinander in eine Kneipe am Marktplatz. Ich begann sofort, ihm tiefgründige Fragen über das Leben und die Liebe zu stellen. Ich kannte ihn erst 30 Minuten, aber es war so vertraut mit ihm, als wären es schon Wochen gewesen. Im Club tanzten wir alle. Ich spürte, dass Björn mich interessant fand, aber ich hatte kein Interesse. Er sah zu gut aus, er war aufgeschlossen, er war extrovertiert und ich hatte Vorurteile. Bestimmt meinte er es eh nicht ernst. Und wenn überhaupt, dann wollte ich eine ernsthafte Beziehung und mir schien nicht, dass er der Typ dafür war.

Um mir deutlich zu zeigen, dass er tatsächliches Interesse an mir hatte, küsste Björn mich an diesem Abend zum Abschied auf die Wange.

Am nächsten Tag klingelte mein Handy. Sara rief mich an: »Pris«, sagte sie. »Warum nicht Björn? Der ist toll! Er liebt Familie und ist so ein guter Mensch.« »Ich weiß nicht. Er wirkt wie ein Player und hat so viel geredet!« Ich versuchte sie am Telefon abzuwürgen, ich hatte wirklich kein Interesse. Doch Sara ließ das nicht gelten und im Hintergrund hörte ich ihren Freund rufen: »Der war nur aufgeregt, lad ihn nächste Woche zu deinem Brunch ein, ok?«

Na gut, dachte ich. *Was soll's. Eine Person mehr oder weniger ist auch egal.* Ich plante zum 1. Mai mit meinen Freunden bei mir zu Hause zu frühstücken, und damit meine neue Wohnung einzuweihen, in die ich erst kurz zuvor nach meiner Trennung eingezogen war. Alle Möbel darin waren mir von Freunden überlassen worden, die in den zurückliegenden Monaten aus Deutschland weggezogen waren. Ich hatte mir ein gemütliches Nest eingerichtet und fühlte mich in der neuen Wohnung dennoch nicht zu Hause. Ich fühlte mich allein und wenn ich den Schmerz des Verlustes und der Trauer auch nur ein wenig zuließ, hatte ich das Gefühl, es würde mich zerreißen und wie eine Sturzflut über mich hereinbrechen. Ich versuchte also, mit meinen Gefühlen sorgsam umzugehen und nicht unkontrolliert loszulassen. Sonst, so dachte ich, würde ich vielleicht nie wieder aufstehen können. Und ich wollte stark bleiben, wollte meine Zukunft bauen, auch wenn ich nicht wusste, wie genau sie aussehen sollte. Ablenkung in Form von guten Freunden, die wussten, wie es mir ging, war genau das Richtige.

Als Björn am 1. Mai in meiner Wohnung war und ich ihm in meiner Küche begegnete, dachte ich nur: »Wow, er sieht richtig gut aus.« Ich beobachtete ihn, wie er im Kreis meiner Freunde saß. Er stach für mich heraus, er war besonders und es fühlte sich wieder so an, als würden wir uns schon viel länger kennen, als es tatsächlich der Fall war. Er lernte meine Tochter kennen, die zwischen meinen Freunden saß und mit ihnen spielte und damit auch mich als Mutter. Es war vertraut, leicht, ein schöner, sonniger Maitag und in mir ein Funken, ein Glimmen von der Erwartung eines schönen Lebens und einer Zukunft, die ich mir selbst gestalten konnte.

Nur eine Woche später luden meine Freundin Sara und ihr Freund zu einem Spieleabend ein. »Es kommt nur noch Björn«, sagte sie beiläufig. Ich antwortete: »Kannst du mir seine Nummer geben? Dann kann er mich mit seinem Auto abholen.« Es kam mir zu dem Zeitpunkt nicht einmal sonderbar vor, dass nur wir beide eingeladen waren. Als ich ihn anrief, war er noch auf einer Geburtstagsfeier, sagte aber, dass er im Laufe des Abends zurückrufen würde, er aber nicht sicher sagen könne, ob er rechtzeitig zurück sei. Weil ich nicht allein zu Hause herumsitzen und warten wollte, schrieb ich ihm, dass ich in einer meiner Lieblingsbars auf ihn warten würde.

Das Café Waldi auf der Karli in Leipzig war Kult. Es war eine Art erweitertes Wohnzimmer. Wenn wir Freunde treffen wollten, dann waren sie mit großer Sicherheit dort zu finden. Das Waldi erstreckte sich über zwei Etagen und war eingerichtet wie bei unseren Großeltern zu Hause. Mit alten Samtsofas und cremefarbenen Lampenschirmen mit flatternden Fransen und schnörkeligen, vergoldeten Bilderrahmen. Natürlich waren Freundinnen von mir schon da. Wir lachten und redeten.

Eine Stunde später schrieb Björn mir eine SMS, dass er gleich da wäre, dass es inzwischen jedoch zu spät sei, um noch zu einem Spieleabend zu gehen. Er würde aber trotzdem ins Café Waldi kommen. Einige Minuten später kam er die Treppe hoch.

Ich sah ihn und wusste instinktiv in dieser Sekunde: Das ist mein Mann. Es muss ihm nicht anders gegangen sein, denn wir begrüßten uns, ich stellte ihm meine Freundinnen vor und er sagte: »Weiter hinten sitzen Freunde von mir. Ich stell sie dir auch mal vor, die wirst du ja von nun an öfter sehen.« Ich wunderte mich über diesen Satz, aber stellte ihn nicht in Frage. Stattdessen begrüßte ich seine Freunde und fragte ihn, ob er sich für uns an der Bar anstellen und uns etwas zu trinken holen würde. Er nickte und ich setzte mich wieder zu meinen Freundinnen. Seine Freunde kamen dazu und es wurde eine beengte, aber fröhlich schnatternde, aufgeweckte Runde.

Weil es zu wenig Stühle gab, saß ich nur eine Minute später auf Björns Schoß. Mit klopfendem Herzen und extrem nervös, angespannt und trotzdem sicher. Es fühlte sich gut an auf seinem Schoß, als wäre genau dort mein Platz. Und auch als ein Stuhl frei wurde, ging ich nicht weg. Nach und nach gingen unsere Freunde nach Hause und wir blieben zu zweit übrig. Wir redeten und redeten, die Stunden verflogen. Es war vier Uhr morgens, das Waldi wollte schließen, um uns herum wurden schon die Stühle hochgestellt. Ich sah ihm in die Augen, fragte mich, warum er mich bisher noch nicht geküsst hatte, ob er vielleicht zu schüchtern war?

Kurzerhand beugte ich mich vor und küsste ihn direkt auf den Mund. Er erwiderte den Kuss nicht, fragte stattdessen: »Wollen wir gehen? Wir sind die Letzten hier, die wollen bestimmt Feierabend machen.« Mein Herz blieb kurz stehen. *Wie peinlich*, dachte ich. *Oh nein, er wollte mich überhaupt nicht küssen, ich habe das alles falsch verstanden. Wie unglaublich blöd von mir!* Er hielt mir meine Lederjacke, so dass ich sie leichter anziehen konnte. *Gute Manieren hat er*, dachte ich.

Dann gingen wir zu seinem Auto, er wollte mich nach Hause fahren. Es waren nur ein paar Straßen. Wir unterhielten uns über Belanglosigkeiten, es war keine unangenehme Stimmung. Seltsam, und das trotz meines übergriffigen Fauxpas. Er gab mir überhaupt nicht das Gefühl, dass ich seine Grenze überschritten hätte. Vor dem Haus, in dem ich wohnte, angekommen, parkte er und lächelte mich an. Dann griff er nach meinem Gesicht, zog mich zu sich und küsste mich. Wieder und wieder und wieder, immer wieder. Die Zeit verschwamm, und ich fühlte mich wohl. So wohl. Es war aufregend, mich auf jemand Neues einzulassen, aber gleichzeitig fühlte es sich so an, als wäre er schon immer Teil meines Lebens gewesen, als wäre es das Natürlichste und Selbstverständlichste, ihn zu küssen. Wir lachten, redeten und küssten uns und als ich gegen 6 Uhr morgens meine Wohnungstür aufschloss, war ich selig.

Zwei Tage später holte er mich abends zu unserem ersten offiziellen Date ab. Nachmittags hatte ich in der Uni ein Seminar über Aristoteles besucht, war aber mit meinen Gedanken bei Björn gewesen. Ich war aufgeregt, aber nicht in einer unsicheren Weise, sondern ruhig, sicher und gelassen. Ich wusste: Es war gut. Dieser Mann war keine Gefahr für mein Herz. Er war pünktlich und klingelte. Es dauerte etwas, bis ich vom Dachgeschoss unten ankam. Ich wusste nicht, wie ich ihn begrüßen sollte. Ich hatte schließlich nicht geplant, zwei Tage zuvor im Morgengrauen einen fremden Mann zu küssen. Wir umarmten uns, ich küsste ihn leicht auf die Wange und wir gingen um die Ecke zu einem indischen Restaurant. Als wir die Speisekarte studierten fragte er, ob wir nicht mehrere Gerichte bestellen und dafür alles teilen wollen würden. Ich war begeistert! Das war genau nach meinem Geschmack.

Er bestellte Wein und ich war noch mehr begeistert über seine Weinkenntnisse. Wir saßen nebeneinander, aßen von einem Teller, führten intime und tiefgründige Gespräche und küssten uns. Nur ganz leicht. So, dass es in meinem Bauch kribbelte. Es fühlte sich so gut an! Ich erzählte ihm von meinem Glauben und, dass ich wieder als Pfarrerin arbeiten wollte. »Kannst du dir denn vorstellen, mit jemanden zusammenzusein, der nicht gläubig ist?«, fragte er mich. Ich überlegte. »Ja«, antwortete ich. Und lächelte. Wohl wissend, dass er für sich selbst fragte. »Ich muss aber absolut authentisch leben können. Ich möchte über meinen Glauben reden, vor demjenigen beten und niemals auch nur einmal belächelt werden für meine Überzeugungen«, ergänzte ich. Er nickte. »Was muss denn ein Pfarrmann so machen?« Und es begann ein Gespräch über Pfarrhäuser und Vorstellungen und Theologie. Nach dem Essen standen wir vor meiner Haustür und küssten uns. »Ich möchte, dass du dich in mich verliebst«, flüsterte ich. Und er antwortete: »Aber wir wollen ja auch, dass du dich verliebst.«

In kürzester Zeit begann unser kleines Feuer wild zu lodern. Zwei Wochen fühlten sich an wie zwei Monate und schon nach vier Wochen sprachen wir von Heirat und Familie und zusammenziehen. »Ich glaube, ich kann nicht offiziell mit dir zusammenziehen, ohne dass wir verheiratet sind«, sagte ich zu ihm. »Ich weiß nicht genau, wie ich selbst das finde, weil ich so geprägt bin, dass das Sünde wäre, aber vor allem meine Eltern würden durchdrehen!« »Aber ich kann dich doch nicht heiraten, ohne dass wir zusammengelebt haben«, hielt er dagegen. Ich verstand ihn, wir kamen aus völlig verschiedenen Himmelsrichtungen. Es fühlte sich aber alles gut an mit ihm. Einfach. Leicht. Glückselig. Ich spürte seine Liebe und ich wollte sie so gern erwidern, mich trauen, sie wirklich erwidern zu dürfen. Aber ich war verhalten, ich traute mich nicht, meine Konventionen ganz fallen zu lassen. Hatte er wirklich verstanden, wo ich herkam? Dass ich angehende Pastorin war? Dass ich zwar getrennt lebend, aber faktisch noch verheiratet war? Und selbst wenn er das verstanden hatte, hatte ich es denn verstanden? War mir klar, was ich hier tat? Wollte ich das? Und wenn ich es wollte, war es für mich okay, wenn alle anderen das vielleicht nicht gut fanden?

Ich würde es herausfinden, denn kurze Zeit danach verlor ich meine letzten engen Freunde aus meiner alten Freikirche. Sie konnten und wollten nicht verstehen, was ich tat und wie ich lebte. Sie wollten mir am liebsten den Kopf abreißen, mich schütteln und hielten mir meine Sünde vor. Die Sünde, mit jemandem zusammenzusein, der nicht gläubig war und nicht an meiner Ehe festzuhalten. Ich verstand nicht, dass sie nicht sehen wollten, dass meine Ehe zerrüttet und vergangen war, dass ich erleichtert war, sie nicht fortführen zu müssen. Ich konnte mich dennoch in ihre Denkweise hineinversetzen, zu oft hatte ich selbst erlebt, dass wir in den freikirchlichen Gemeinden mit Menschen, die offiziell sündig lebten, keinen Kontakt mehr pflegten. Warum eigentlich? Hatten wir Angst, die Sünde könnte abfärben? Ich erinnere mich nicht mehr. Gab es eine passende Bibelstelle für dieses Verhalten? In ihren Augen war ich störrisch, der Sünde verfallen und wahrscheinlich waren viele entsetzt, enttäuscht und konnten nicht nachvollziehen, wie ich aus meiner ehemaligen Vorbildfunktion heraus mich so verhalten konnte.

Doch ich war erst 26 Jahre alt. Jung. Mit Sehnsucht nach wahrer Liebe. Ich wollte, ich musste herausfinden, wie ich leben wollte, wie ich endlich authentisch sein konnte.

Ich musste in Kauf nehmen, meine Freunde aus der Gemeinde zu verlieren und sie zu enttäuschen, um mich selbst zu finden.

◈ ◈ ◈

Leipzig ist keine große Stadt. Es fühlt sich manchmal eher dörflich an, wenn man dort aufgewachsen ist und lebt. Ein guter Freund forschte in der Anfangszeit mit Björn bei einem gemeinsamen Kaffeetrinken bei mir zu Hause nach: »Mein Praktikant hat gesehen, wie du einen Mann geküsst hast unten auf der Straße. Er kam zu mir und fragte, ob du wieder mit Theo zusammen bist.« Ich schüttelte den Kopf. »Ja, das habe ich ihm auch gesagt«, lächelte mein Gegenüber. »Das konnte ich mir auch nicht vorstellen. Aber weißt du, was ich zu meinem Praktikanten gesagt habe?« Ich schaute ihn abwartend an. »Wenn ich mich auch so verlieben würde, die große Liebe finden würde, könnte ich mir nichts Besseres vorstellen, als auf der Straße zu knutschen. Ich freu mich für dich.« Das war liebevoll. Mir wurde warm ums Herz. Mir gefiel, dass er für mich eingetreten war, als jemand über mich tratschen wollte. Doch die Geschichte zeigte mir auch, dass nicht nur Freunde, sondern auch lose Bekanntschaften ein Interesse an meinem Leben hatten und dieses bewerteten, kommentierten. Ausgerechnet mein Liebesleben. Etwas Privateres und Verletzlicheres gab es für mich nicht. Mein Freund hatte recht fand ich: Ich durfte, ich sollte mich freuen, dass ich mich verliebt hatte und wieder geliebt wurde. Ich durfte weiterleben, ich durfte das Leben bei den Hörnern packen und Zukunft planen. Ich musste nicht im Elend verharren oder im Kummer ersticken. Ich durfte mich aus meiner alten Beziehung, die in vielerlei Hinsicht nicht gut war, befreien und nach vorn blicken.

Aber würde mein Umfeld mich lassen? Ich bezweifelte das. Ich wollte mich nicht mehr von der Meinung der Menschen um mich herum abhängig machen. In mir wuchsen eine innere Kraft und Überzeugung aus einem kleinen Samen der Eigenwilligkeit, den ich bisher immer gewissenhaft zu übersehen versucht hatte. Bisher hatte ich es immer allen recht machen wollen, wollte immer, dass alle zufrieden mit mir sind. Doch nun entschied ich mich, dass niemand außer mir selbst mein Leben führen und niemand mir Ratschläge geben oder mir seine Meinung sagen durfte, den ich nicht darum gebeten hatte.

Kurze Zeit später hielt ich an einem Morgen einen positiven Schwangerschaftstest in der Hand. Wow, auch das war nicht geplant gewesen! Ich schrieb Björn. Er war auf der Arbeit, als er erfuhr, dass er Papa wird. Ich war zu aufgeregt, um warten zu können. Meine Hände zitterten. Ich war nervös, ängstlich. Und wenn ich richtig in mich hineinhörte, auch freudig aufgeregt. Okay, da stand nun ein riesengroßes Abenteuer vor mir. Ich war schwanger. Dabei kannte ich den Mann an meiner Seite erst seit wenigen Wochen. Ich war unehelich schwanger – das ging eigentlich gegen die Regeln, denen ich bislang gefolgt war. Aber es fühlte sich gut an! Richtig! Ich spürte, dass Gott bei mir war, neben mir stand, mich umarmte, mir zuflüsterte: »Alles wird gut! Ich liebe dich!«

An diesem Tag hatte ich ein Vorstellungsgespräch für einen Studienplatz. Ich wollte einen Master in Journalistik machen. Ich hatte mich beworben und war in die engere Auswahl gekommen. Nun musste ich mich mit circa 150 anderen jungen Menschen vor Ort in der Fakultät vorstellen und hoffte, einen der 30 Studienplätze zu ergattern. Björn brachte mich hin. Auf dem Weg begegneten wir Freunden meines Ex-Mannes. Spöttisch grinsten sie uns an. Für sie war ich eine Persona non grata mit meiner neuen Liebe. Es war ein unangenehmes Gefühl. Ich suchte Zukunft, versuchte nach vorn zu blicken und traf ausgerechnet an diesem Morgen auf Menschen aus meiner Vergangenheit.

Ich saß in dem engen Flur des Unigebäudes, wir waren in Gruppen eingeteilt worden. In mir rasten die Gedanken darüber, wie sich meine Zukunft nun gestalten würde. Einen Master machen mit Baby? Oder gleich in ein Urlaubssemester gehen? Ich konnte mich nicht konzentrieren. Im Vorstellungsgespräch wurde unser Umgang mit Texten und unser Allgemeinwissen geprüft. Mein Kopf war leer. Ich stammelte viel herum. Das Ganze war mir unsagbar peinlich, aber ich hatte das Gefühl, dass das Komitee aus verschiedenen Professoren mich sympathisch fand. Tatsächlich kam ich unter die letzten 50. Damit bekam ich keinen Studienplatz, war aber angesichts der Tatsache, dass meine Vorstellung mich selbst nicht wirklich überzeugt hatte, mit dem Ergebnis des Ganzen versöhnt.

Ich heulte und lachte, als ich meinen Freundinnen später am Tag verkündete, dass ich schwanger war. Im Chaos meiner Gefühle hatte ich keine Ahnung, wie ich meine Schwangerschaft eigentlich im Hinblick auf die ethischen Werte beurteilen sollte, die ich bis dahin vertreten hatte. Musste ich mich schämen? Aber ich freute mich! Aber war das nicht Sünde? Warum fühlte es sich dann aber gut und richtig an? Was würden die Freunde sagen, die mir aus meinem alten Umfeld nach der Trennung noch geblieben waren?

Heute, ein Jahrzehnt später, weiß ich, dass wir zu unseren Entscheidungen stehen und sie vertreten sollten, damit wir nicht von Scham und Unsicherheit zerrissen werden und anderen

Menschen, die Macht geben, uns zu verunsichern, unsere Lebensentscheidungen zu bestreiten und uns ins Gefühlschaos zu stürzen. Hätte ich das doch schon damals gewusst! Es hätte mir einiges an Kummer und sinnlosen Gesprächen erspart.

Denn längst nicht alle reagierten freudig begeistert auf unsere gute Nachricht. Bedenken zu äußern war angesichts der Schnelligkeit, mit der ich eine neue Beziehung eingegangen und schwanger geworden war, verständlich. Aber die Wut, die mir auch entgegenschlug, machte mich manchmal fassungslos. Eine meiner evangelikalen Freundinnen machte sich solche »Sorgen« um mich, dass sie mich anschrie. Sie konnte nicht begreifen, dass ich wirklich mit Björn zusammensein wollte, verstand mein ganzes Verhalten nicht und erklärte, für einige Zeit den Kontakt mit mir abbrechen zu wollen.

Eine andere Freundin toppte das noch. Sie schrieb mir eine der furchtbarsten Nachrichten, die ich in jener Zeit bekam. Sie warf mir Bibelstellen an den Kopf, die mir klar machen sollten, dass ich Björn in Sünde zöge, wenn ich mit ihm zusammen sei und ihn heiraten würde. Ich fragte sie darauf hin, ob sie mir raten würde, alleinerziehend mit zwei Kindern zu leben. Sie versuchte mir daraufhin zu erklären, dass ich bis in alle Ewigkeit vor Gott mit Theo verheiratet sei und dass ich Buße tun und beten solle, um wieder mit ihm zusammenzukommen. Mich grauste es. Das wollte ich auf keinen Fall! Und Theo wollte das auch nicht! Gerade in dieser Auseinandersetzung spürte ich: Es war gut, einen freien Willen zu haben und keine Marionette zu sein, die von den Fäden einer ganz bestimmten, engen Bibelauslegung gegängelt wurde.

Neben all den unschönen Reaktionen, mit denen ich durchaus gerechnet hatte, erlebte ich aber auch sehr viel Liebe. Freunde waren da, auch christliche Freunde, sogar welche aus meiner Bibelschulzeit, und viele neue Freunde, die Björn mit in mein Leben gebracht hatte.

Meine Eltern reagierten erstaunlich gelassen, als ich ihnen von meiner Schwangerschaft erzählte. Ich hatte es ihnen am Telefon gesagt und fest damit gerechnet, dass ihre theologische und kirchliche Prägung bewirken würde, dass sie den Kontakt mit mir abbrechen würden. Ich war bereit, dieses Risiko einzugehen, denn ich wusste, dass ich auf dem richtigen Weg für mich selbst war. Doch meine Eltern reagierten mit Größe und Toleranz. Sie fragten mich als Erstes, wann wir denn zusammenziehen und wie unsere nächsten Pläne aussehen würden. Sie ermutigten mich, weiter für mich einzutreten und nach vorn zu schauen. Zu wissen, dass meine Familie hinter mir stand, gab mir viel Kraft. Was kam, hätte ich vielleicht auch ohne sie bestanden, aber meine Zukunft in die Hand zu nehmen war viel leichter und ich fühlte mich sicherer mit dem Wissen, dass sie mich nicht fallen ließen. Zu einem Zeitpunkt meines Lebens, in dem ich selbst nicht mehr wusste, wie ich mich theologisch und ethisch vor mir rechtfertigen sollte, war es gut zu wissen, dass sie mich weiter lieben würden, denn schließlich machte ich alles anders, als ich es jemals von mir vermutet hätte!

◈ ◈ ◈

Leipzig ist, wie gesagt, nicht sehr groß, und so bekam mein damaliger Pastor und ehemaliger Ausbildungsbeauftragter im Gemeindebund sehr schnell von meiner Schwangerschaft Wind. Er wollte mich sprechen, zumal es in der Gemeinde Gerede gegeben hatte: Ich hatte Björn zu einem öffentlichen Gottesdienst im Stadtpark mitgenommen. Das war, wenn ich heute daran zurückdenke, sicherlich keine gute Idee von mir. Menschen, die mich kannten, waren enttäuscht. Menschen, die immer noch Hoffnung hatten, dass Theo und ich wieder zusammenkommen würden. Menschen, die über das Scheitern unserer Ehe, die ja die Ehe von angehenden Pastoren war, trauerten. Heute weiß ich: Ich habe mir damals zu wenig Gedanken über die Gefühle dieser Menschen gemacht. Ich war zu sehr auf mein Leben konzentriert, war zu sehr mit dem Auseinanderbrechen meines bisherigen Lebens und dem Neuanfang beschäftigt. Aber die Gemeinde war mein Leben, mein Sein, meine Identität. Ich wusste nicht, wohin ich sonst am Sonntag hätte gehen können. Ich dachte gar nicht darüber nach, ob es tatsächlich weiter möglich sein könnte, meine Heimatgemeinde zu besuchen. Es kam mir gar nicht in den Sinn, dass dies in den Augen vieler Gemeindemitglieder absurd wirken musste.

Die Gemeinde war mehr als nur meine Ausbildungsstätte gewesen – sie war meine Heimat. Ich war in sie hineingeboren worden, hatte mein ganzes Leben mit den Menschen dort verbracht. Meine ganze Familie war dort, die Hälfte der Besucher kannten mich seit ich ein kleines Kind war, kannten sogar noch meine Großeltern. Meine Familie war in Leitungspositionen tätig, meine Großeltern hatten schon die Kinder-Sonntagsschule geleitet und meine Oma den Gitarrenchor. Als sie älter wurden, waren sie für die Senioren zuständig, leiteten die wöchentliche Gebetsstunde und den Beerdigungschor. Schon immer war meine Familie Teil dieser Gemeinde gewesen. Niemals wäre mir in den Sinn gekommen, sie zu verlassen, nur weil ich meinen Beruf verlassen musste. In dieser Gemeinde war ich tief verwurzelt. Was ich bis dahin nicht verstand: Ich hätte in meinem Glauben, in der Nachfolge Jesu verwurzelt sein sollen und nicht an einem bestimmten Ort und in einer Gruppe bestimmter Menschen.

Als der Tag gekommen war, an dem das Gespräch mit meinem Pastor stattfinden sollte, ahnte ich schon, dass es kein angenehmes Zusammentreffen werden würde. Ich wurde in sein Büro gebeten. Wir kannten uns. Die Chemie zwischen uns stimmte nicht ganz, aber wir waren immer um einen freundlichen und respektvollen Umgang miteinander bemüht gewesen. Wir legten uns gegenseitig keine Steine in den Weg, unterstützten uns in unserer Arbeit. Auch in dieses Gespräch ging ich mit der Überzeugung, dass er mir nichts Böses wollte. Und ich bin auch heute noch davon überzeugt, dass er es gut meinte. Eigentlich.

Er saß mir gegenüber. Unbewusst hatte ich mich mitten ins Zimmer gesetzt, als sei ich auf dem Sprung. Er sprach mich darauf an, dass ich Björn mit in den Gottesdienst gebracht hatte und dass dies Menschen vor den Kopf gestoßen habe. Ich versuchte, diese Tatsache zu verstehen. Es war ein ökumenischer Gottesdienst gewesen und ich war mit Björn am Rand stehen geblieben, hatte mich nicht nach vorn gedrängt oder mit Absicht Aufmerksamkeit erregt. Ich ließ diese Tatsache sacken, dass ich mit Björn nicht akzeptiert war, dass Menschen sich aufgeregt und hinter meinem Rücken mit dem Pastor gesprochen hatten. Dann kam es richtig dick.

»Ich habe von deiner Schwangerschaft gehört.«

Ich sah ihn erschrocken an. Er hatte was? Woher wusste er das?

»Woher weißt du das?«

»Das wurde mir zugetragen.«

Ich schämte mich. Mist. Meine Sünde – und in seinen Augen war es genau das – war also bei ihm angekommen.

»Du solltest das gar nicht wissen«, sagte ich. »Ich bin erst in der 7. Schwangerschaftswoche, es ist viel zu früh, als dass es irgendjemand wissen sollte!«

Darauf ging er nicht ein. Ich war völlig vor den Kopf gestoßen. Was passierte hier eigentlich gerade? Dann der Frontalangriff:

»Ist das dann jetzt dein letzter Mann?«

Wut kochte in mir hoch. Was war das für eine übergriffige Frage, die er mir als 26-jährige Frau allein in seinem Büro stellte? Das ging ihn nichts an! Oder ging es ihn etwas an? Ich hatte nicht gelernt, meinen Gefühlen zu vertrauen, sondern hinterfragte stets, ob sie biblisch akzeptabel oder vor Gott gerechtfertigt waren. Hatte er Recht? Durfte er mich das fragen? Schließlich war er mein Pastor und er durfte mich zur Rechenschaft bitten, vor allem als Vikarin? Ich murmelte nur: »Das hoffe ich.«

Schließlich legte er mir nahe, die Gemeinde zu verlassen, auch, weil ich dann vor Tratsch und üblem Gerede sicher sei. »Du kannst ja weiter zu Besuch kommen«, meinte er noch; genauso wie man zu jemandem sagt: »Wir können ja Freunde bleiben«, wenn man die Beziehung beendet. Und der Schmerz in meinem Herzen fühlte sich auch genau wie bei einer Trennung an. Doch ich ließ mir nichts anmerken. Den letzten Rest Stolz bewahrt man sich gern, wenn gerade mit einem Schluss gemacht wird. Ich spürte in diesem Moment keine Scham, sondern vor allem Wut und Entsetzen. Und als ich mit einem Händedruck ihm und meiner Gemeinde den Rücken kehrte und den Gemeindehof verließ, fühlte ich mich stolz. Stolz darauf, dass ich ein Leben führte, das ich führen wollte. Ich fühlte Stolz auf mich selbst und darauf, dass ich mutig war und das Leben bei den Hörnern packte. Ich fühlte mich selbstbewusst und stark.

Als ich aber in meine Wohnung kam, ließ ich die Badewanne voll mit heißem Wasser laufen und versank darin. Ich weinte und schluchzte. Zwei Stunden lang. Ich war untröstlich. Wenn ich die Gemeinde nicht verließ, meine Mitgliedschaft nicht freiwillig beendete, würden sie mich ausschließen. Das bedeutete, dass sich der Gemeindevorstand zu meinem »Fall«, zu meinem Leben also, beriet und dann abstimmte, ob ich aus der Gemeinde geworfen werden sollte. Das war keine angenehme Aussicht. Es würde wohl besser sein, selbst Verantwortung zu übernehmen, und die Gemeinde zu verlassen. Doch dann würde ich in diesem Leben definitiv keine Pastorin mehr im Gemeindebund sein können. Denn wenn ich kein Gemeindemitglied mehr war, endete endgültig auch die Ausbildung. Dabei hatte ich meine Ordinationsarbeit schon fertig geschrieben. Acht Jahre hatten Studium und Ausbildung gedauert und nun soll alles umsonst gewesen sein? Ich weinte nur noch mehr. Wer war ich denn, wenn ich nicht Pastorin werden konnte? Wer war ich denn außerhalb der Gemeinde und war ich überhaupt in der Lage, in der Welt zu bestehen? Mein ganzes Leben hatte behütet in den Räumen der Gemeinde stattgefunden. Ich hatte gar keine Ahnung, ob ich in der großen weiten Welt würde existieren können. Ich hatte Angst.

Nach zwei Stunden betrat Björn vorsichtig das Badezimmer, das inzwischen einer Dampfsauna glich. Er kniete sich neben die Badewanne und tröstete mich. »Du kannst eh nicht mehr hingehen, Priska. Deine ganze Vergangenheit ist dort. Es wird dir guttun, die Gemeinde zu verlassen. Es wartet so viel Schönes auf dich, so viel Neues!« Er trocknete meine Tränen und als ich aus der Badewanne steig und mich abtrocknete, war es, als ließe ich mein altes Leben zurück. Ich entschied mich, die Vergangenheit Vergangenheit sein zu lassen und nach vorn zu schauen. Es war wie eine zweite Taufe: In mein authentisches Selbst hinein.

◈ ◈ ◈

In den Tagen danach schrieb ich der Gemeinde und dem Vorstand eine Mail über meinen geplanten Austritt. Weil es von mir erwartet wurde, entschuldigte ich mich sogar für mein Verhalten, das so viel Kummer verursacht hatte. Erwähnte ich, dass ich immer darauf bedacht war, es allen recht zu machen?

Mit der Entschuldigung fühlte ich mich schlecht – so, als hätte ich mich selbst verraten. Ich sollte mich entschuldigen, um mich schuldig zu fühlen! Schließlich hatte ich in den Augen der Gemeindemitglieder gesündigt. In Gottes Augen auch? Und wie stand ich vor mir selbst da? Wenn man Entscheidungen, die man nicht mehr rückgängig machen kann, bereut, weil andere das von einem erwarten, dann verrät man sich selbst und die Folge ist die Beschämung, die man mit sich herumträgt. Genau das erlebte ich. Ich schämte mich und zog mich zurück. Und ich konnte nicht einmal genau greifen, warum und wofür ich mich schämte. Es war ein ambivalentes Gefühl, dass mich mal mehr, mal weniger ein Jahrzehnt lang begleiten sollte.

Nach meinem Austritt blieben immer noch zwei Handvoll Menschen übrig, die mit mir den Traum von einer Kirche träumten, die neue Formen wagt, sich traut, näher an den Menschen zu sein, sich traut, Fragen zu stellen und Jesus in den Mittelpunkt rückt. Emerging church war das Stichwort, das uns verband in einem utopischen Traum von Kirche. Unsere Gruppe kam aus verschiedenen Denominationen und wir trafen uns jeden Sonntag zu einem späten Frühstück, zum Bibellesen und Gebet. Björn war nun auch mit dabei, ganz selbstverständlich und ohne, dass jemand Fragen stellte, war er von heute auf morgen Teil der Gruppe. Es war eine schöne Gemeinschaft, ungezwungen und unkompliziert. Eine kleine Kirche. Menschen, die sich trafen, um Bibel zu lesen.

Über die Zeit hinweg verstreuten wir uns jedoch. Die einen zogen weg, der andere verliebte sich und Björn und ich mussten uns eine gemeinsame Wohnung suchen und umziehen. Denn wir erwarteten ja ein gemeinsames Kind. Ich wollte jedoch nicht ohne Gemeinde sein. 26 Jahre lang war ich jeden Sonntag in einen Gottesdienst gegangen, das war in Fleisch und Blut übergegangen und ich hatte ein schlechtes Gewissen, wenn ich auch nur einen Sonntag verpasste. Jedoch brauchte ich in Leipzig eine Gemeinde, die mich und meine Geschichte nicht kannte und zu der ich gehen konnte, ohne verurteilt zu werden. Das war eine Herausforderung. Doch es gab eine Neugründung, den Christustreff. Dorthin verschlug es mich. Einige Leute, die auch an unseren Wohnzimmergottesdiensten teilgenommen hatten, waren dort regelmäßig. Ich fühlte mich wohl, es war ein kurzes Aufatmen, nach all dem Chaos in meinem Leben.

Der Christustreff fühlte sich nicht wie zu Hause an, aber ich war so dankbar, dass ich dort sein konnte, sogar Musik machen durfte und akzeptiert wurde. Doch schon wenige Wochen später hörte das Pastorenehepaar auf und die Gemeinde schloss ihre Türen. Interne Konflikte hatten diese Entwicklung herbeigeführt, ich aber gab mir selbst die Schuld. *Das ist passiert, weil du dort hingegangen bist, Priska. Das Pastorenpaar muss nun umziehen und fühlt tiefen Schmerz, weil du dort mit deiner Sünde gewesen bist, sogar deinen unehelichen Freund mitgenommen hast. Damit lag kein Segen mehr auf der Gemeinde. Du bist schuld, Priska. Du bist schuld!*

So dachte ich.

Gemeinsam mit Björn besuchte ich danach einige weitere Kirchen und fand schließlich eine kleinere, ohne eigenen großen Kirchturm im Süden von Leipzig. Ich fühlte mich direkt wohl. Vielleicht lag es an der gemütlichen Atmosphäre, die mich an meine Heimatgemeinde aus Kindheitstagen erinnerte. Eine Kirche mit alten Stühlen und holzgetäfelten Wänden und sehr schlechter Technik, die ständig rauschte. Vielleicht war es auch die gute Predigt des Pfarrers, an dessen Lippen ich hing, um ja keines seiner Worte zu verpassen. Hier war mein neuer Glaubensort. Ich durfte einfach sein. Nichts wurde von mir erwartet. Nichts musste ich leisten. Ich musste weder meine sichtbarer werdende Schwangerschaft verstecken noch meinen Freund. Diese Kirche wurde mein Halt und Anker in einer Lebensphase, in der alles neu und unsicher und dadurch auch beängstigend war.

◈ ◈ ◈

Björn und ich suchten in diesem Sommer 2012 eine gemeinsame Wohnung und das war schwerer als gedacht. Leipzig war schon damals beliebt und das merkte man auch auf dem Wohnungsmarkt. Was in anderen Großstädten schon lange üblich war, gab es nun auch in unserer ostdeutschen Stadt: Wohnungsbesichtigungen mit einem Haufen Interessenten und man hatte nur dann eine Chance, die Wohnung zu bekommen, wenn man sofort zusagte.

Die Schwangerschaft machte mich unglaublich müde. Ich arbeitete entweder morgens in einem katholischen Verlag im Kundendienst und nahm dort Bestellungen auf oder gab Englischunterricht im Kindergarten und einer Grundschule oder war an der Universität. Weil ich außerdem möglichst viel Zeit mit meiner Tochter verbringen wollte, holte ich sie jeden Tag schon mittags vom Kindergarten ab und machte dann gemeinsam mit ihr Mittagsschlaf. Am späten Nachmittag weckte Björn uns beide und wir gingen Eis essen und ein bis zwei Wohnungen besichtigen. So ging das wochenlang. Aber nie war eine passende Wohnung für uns dabei. Dabei hatten wir unsere schon gekündigt und langsam kamen wir in Zeitnot. Ich haderte mit Gott und in mir machte sich ein Gefühl breit, das mir nur allzu bekannt vorkam: Schuld. Meine Sünde war der Grund dafür, dass wir keine Wohnung fanden! Wie konnte Gott auch einen sündigen Menschen wie mich mit einer geeigneten Wohnung belohnen oder gar segnen? Ich teilte den Gedanken allerdings mit niemandem, sondern grübelte alleine vor mich hin.

Eine Wohnung auf unserer Liste lag in einem der schönsten Stadtteile in Leipzig. Wir hatten sie über eine Zeitungsannonce gefunden. Als wir die große Allee entlangfuhren, betete ich still: »Gott, wenn wir keine Wohnung finden, weil es Sünde ist, dass ich unverheiratet mit ihm zusammenziehe, dann tut es mir so leid. Ich weiß nicht, was ich sonst tun soll. Ich will nicht allein mit zwei Kindern wohnen, ich will mein Leben auf die Reihe bekommen und ich wünsche mir Sicherheit und Zukunft für mich und meine Kinder.«

Als wir parkten, sagte Björn: »Okay, hör zu. Wenn der Preis dieser Wohnung in unserem Budget liegt und wir sie gut finden, nehmen wir sie. Die Lage ist super, wir schlagen sofort zu!« Ich nickte, war innerlich aber ohne Hoffnung. Es würde eh nicht funktionieren, die Schuld lag wie ein Fluch auf meinem Leben.

Wir gingen in die Wohnung, jedes Zimmer war in mehreren verschiedenen Farben gestrichen. Die Küche und der Flur miniklein, aber es war eine Maisonettewohnung mit Loftcharakter, einer Dachterrasse, vier Zimmern und zu einem sehr günstigen Preis, vor allem für die Lage. Ich stand oben auf der Galerie, Björn unten. Wir sahen uns kurz an und sagten gleichzeitig: »Wir nehmen die Wohnung!« Ich spürte die Freude wie eine Glückskugel in meinem Bauch. Hatten wir wirklich ein neues Zuhause gefunden? Zwei Tage später unterschrieben wir den Mietvertrag. In meinem Herzen häuften sich die Fragen: Hatte Gott mich doch nicht fallengelassen? Gönnte er mir sogar all das Gute? Segnete er mein Leben?

◈ ◈ ◈

Wir zogen schnell und ziemlich chaotisch um. Aus zwei Haushalten wurde einer. Zu diesem Zeitpunkt kannten Björn und ich uns erst vier Monate.

Mitten in dieser Zeit schleppte meine Mutter mich nach Bad Gandersheim, einem christlichen Tagungsort mit pfingstlich-charismatischer Prägung in Niedersachsen. Sie fragte nicht, ob ich wollte, sie ließ keine Widerrede zu. Dieser Ausflug passte nicht in die Umzugssituation hinein und ich hatte überhaupt keine Lust, zu einem superfrommen Event zu fahren. Konnte sie sich nicht vorstellen, wie sehr ich mich schämte, schwanger und ohne Ring am Finger in einer konservativen Veranstaltung aufzutauchen? Ich wollte lieber wegrennen, mich verstecken, als mich der Verurteilung zu stellen. Obendrein eröffnete sie mir auf der Fahrt, dass sie mich zu einem »hörenden Gebet« angemeldet habe. »Es gibt nur ganz wenige Plätze«, pries sie es bei mir an.

Ich war alles andere als begeistert. Als »hörendes Gebet« bezeichnet man eine Gebetssituation, in der Menschen sich Zeit nehmen, um Gottes Stimme zu hören. In diesem Fall ging es um eine Art prophetisches Hören. Mehrere Menschen, die mich nicht kannten, saßen in einem Raum im Kreis und warteten still darauf zu hören, was Gott ihnen zu mir zu sagen habe. Ich wollte da nicht reingehen! Aber da ich ja nie gelernt hatte, Grenzen zu ziehen, beziehungsweise aus Schwäche ständig zuließ, dass meine Grenzen von anderen überschritten wurden, betrat ich den Raum eben doch. Unehelich schwanger. »Sündig!«, dachte ich. Und auch: »Mist, jetzt wird den Menschen gleich meine ganze Schuld offenbart werden. Ich schäme mich so. Gott wird es ihnen eröffnen. Es ist so unangenehm!«

Es war still, als ich mich auf den einzigen freien Stuhl im Kreis setzte. Ungefähr sieben fremde Menschen schauten mich an. Dann sagte eine: »Wir werden jetzt still sein und beten und hören, was der Geist Gottes dir sagen möchte.« Ich nickte. Die Gebetszeit dauerte gefühlt eine Ewigkeit. Ich dachte an gar nichts, rieb immer wieder die leere Stelle in meiner Handfläche, an der sich wegen des Eherings, den ich einmal am Finger getragen hatte, Hornhaut gebildet hatte. Irgendwann öffneten alle die Augen und sahen mich an. Sie sprachen reihum, von rechts nach links laut aus, was Gott ihnen gesagt hatte. Und ich konnte nicht glauben, was ich dann hörte: »Du bist heilig«, sagte die eine. »Du hast ein reines Herz«, sagte der andere. Die dritte schaute verwundert und sagte: »Gott hat mir auch deine Aura gezeigt. Deine Ausstrahlung ist so rein. Woher kommt das? Liest du jeden Tag in der Bibel?« Ich schüttelte den Kopf. Auch die anderen nannten mir Bibelstellen oder Eindrücke, die nur eine einzige Aussage hatten: Ich war ohne Sünde, rein und heilig.

Ich war komplett verwirrt. Meine Welt stand Kopf! Vor dem Raum wartete meine Mutter schon auf mich. »Und?«, fragte sie neugierig. »Das war so ein Blödsinn«, antwortete ich. »Wirklich, das ist doch Quatsch, ich habe doch gesagt, dass ich davon nicht so viel halte.« »Was haben sie denn gesagt?« Meine Mutter ließ nicht locker. Widerwillig, weil es sich so seltsam anfühlte, diese Worte zu wiederholen, die mich in ein Licht rückten, das überhaupt nicht meiner Wahrnehmung entsprach, sagte ich ihr alles. Sie sah mich an. »Wow!«, staunte sie. »Das ist doch Quatsch«, beharrte ich. »Ich bin doch nicht frei von Sünde.« »Aber Priska«, sagte sie und legte ihre Hand auf meinen Arm. »Vielleicht ist das aber, wie Gott von dir denkt. Wie er dich sieht. Ja!«, fuhr sie nachdenklich fort. »Er möchte dir sagen, wie er dich sieht, dass du ihm gegenüber, vor ihm, rein bist, frei von Sünde, heilig!« *Wow.* Ich ließ das in mein Herz sinken. *Konnte das sein? War Gott so loyal, dass er mich vor den Menschen nicht verraten hatte, ihnen meine Sünde nicht gezeigt hatte, sondern sich zu mir gestellt hatte? Diese Idee war süß.* Aber wir wussten ja beide, dass ich nicht wirklich heilig war.

Trotzdem flüsterte ich in meinen Gedanken ein erleichtertes »Danke« an Jesus. Er war mein brother in crime, mein Clyde, er hatte gerade eben gezeigt, dass er mich nicht im Stich ließ. Oder vielleicht hatten die Personen im Kreis auch gar nicht richtig gehört und nur nachgeplappert, was die erste Person gesagt hatte? Naja, egal. Ich verscheuchte die Gedanken. Ich hatte ja keine Vorstellung davon, dass ich in Gottes Augen einfach nur ein liebenswerter Mensch war. Und egal wie sehr ich diesen Moment heute auch rational hinterfrage, ihn mit logischem Menschenverstand erkläre, ihn als Einbildung verstehe, so sehr möchte ich doch auch glauben, dass Gott sich so nahbar zeigen konnte. So oder so zeigten mir die Aussagen dieser fremden Personen eine wichtige Wahrheit über mich, die ich dadurch erst erkennen konnte: Ich kann und darf mich selbst liebhaben.

Nach unserem Umzug flogen wir für eine Woche nach Finnland. Unser erster gemeinsamer Urlaub. Wir fuhren ohne meine Tochter und ich vermisste sie so furchtbar, dass ich ständig weinen musste. Die Schwangerschaftshormone taten ein Übriges.

Als wir in Helsinki landeten, war unser vorab gebuchter Mietwagen nicht auffindbar. Wir wandten uns an die Mietstationen vor Ort, aber wir hatten bei einer kleinen Agentur und nicht bei einer der großen Kette gebucht und standen nun ohne Auto da. »Vielleicht liegt wirklich kein Segen auf uns«, dachte ich wieder. Schließlich fuhr ich mit Björn in den Urlaub, statt mich zu schämen und Buße zu tun und für immer mit meinem Ex verheiratet zu sein, wie von mir erwartet wurde. Während wir etwas hilflos vor dem Terminal standen und überlegten, wie wir nun zu unserem Ferienhaus kommen sollten, hielt ein Auto. Ein Mann stieg aus, entschuldigte sich und erklärte uns auf Englisch, dass der von uns gemietete Wagen nicht verfügbar sei und die Agentur uns daher ein kostenloses Upgrade geben würde. Ob das für uns okay sei? Wir nickten glücklich. Hauptsache ein Auto. Und dann noch ein größeres? »No problem!« Es sollte sich als gut erweisen, dass dieses Auto so groß war, denn mit dem, was wir ursprünglich gemietet hatten, wären wir nie an unserem Ferienhaus angekommen. Wir mussten noch vier Stunden in den Nordwesten von Finnland fahren, in eine Stadt, deren Name so lang wie unaussprechlich war und der Weg führte uns über Stock und Stein, quer durch den Wald.

Als wir unseren Urlaubsort erreichten, wartete schon ein älterer Mann auf uns. Er lotste uns in die Einfahrt und gab uns Zeichen, eine Scheibe herunterzulassen. In gebrochenem Englisch erklärte er uns, dass das Haus, das wir gemietet hatten, nicht verfügbar sei. »Oh nein!«, dachte ich, wie immer das Schlechteste erwartend. »Ich habe ein anderes Haus für Sie.« Er bat uns, ihm zu folgen. Wir fuhren ihm hinterher und meine Gedanken rasten. Hoffentlich ist das andere Haus sauber. Hoffentlich sind die Betten in Ordnung. Da haben wir so lange recherchiert und jetzt das. Hoffentlich ist es den Preis, den wir bezahlen, wert. Das Englisch dieses Mannes ist so schlecht, er würde nie verstehen, wenn ich beginnen würde, mit ihm über Geld zu diskutieren.

Wir fuhren durch einen dichten Wald und als die Bäume sich lichteten, standen wir vor einem großen, dunklen Holzhaus. Er schloss es uns auf, dann zeigte er uns das riesige Grundstück. Wir bekamen ein extra Saunahaus, ein extra Grillhaus und ein extra Bootshaus mit mehreren Motorbooten dazu. Auch gab es mehrere Angeln und er erklärte uns, dass er uns regelmäßig frische Köder hinstellen würde. Wir betraten das riesige Haus, viel zu groß für zwei Personen. Ich konnte es nicht fassen, es war nicht – wie ich erwartet hatte – schlechter, sondern viel besser! Es war ein Upgrade! Wir verbrachten einen unvergesslichen Urlaub zu zweit, es fühlte sich ein wenig wie Flitterwochen an. Wir erholten uns von den Anstrengungen der hinter uns liegenden Wochen und ich versuchte zu begreifen, dass ich nicht bestraft worden war, dafür, dass ich mich verliebt hatte. Nicht nur nicht von Gott, sondern auch nicht von anderen Menschen. Es sollte allerdings noch lange dauern, bis ich mich nicht mehr selbst beschuldigte.

Als wir wieder nach Hause geflogen waren und ich zum ersten Mal den neuen Stadtteil erkundete, in dem wir nun lebten, lief ich zunächst dahin, wo es grün aussah. Und plötzlich befand ich mich in einem Park. Neben mir Zootiere. Ich blieb stehen, schaute mich um und dann liefen mir Tränen die Wangen hinunter. In all dem Umzugsstress und bei all dem Neuen hatte ich nicht einmal auf die Karte geschaut, wo wir eigentlich hingezogen waren. Ich hatte Björn vertraut, und war einfach eingezogen. Und jetzt stand ich in einem der schönsten Parks der Stadt, hinter mir wunderschöne Villen und ein zuckersüßes Schloss und vor mir ein riesiger Park, der direkt in einen Wald überging. Inklusive Zooschaufenster. Wow. Ich konnte dieses Geschenk gar nicht begreifen. Die Wahrheit sickerte langsam in mein Herz. Ich hatte Segen über meinem Leben. Niemand hatte mich verflucht; Gott wollte mich nicht bestrafen. Ich war in seinen Augen wirklich rein. Niemals hatte er gedacht, ich wäre nicht würdig. Niemals hatte er mich anders als mit liebenden Augen angesehen und niemals hatte er gedacht, ich hätte nicht verdient, im für mich schönsten Stadtteil zu landen. Und vielleicht hatte ich es mir auch einfach nur durch dutzende Wohnungsbesichtigungen und mit etwas Glück verdient, genau hier zu wohnen.

◈ ◈ ◈

In dieser Wohnung wurde unsere erste gemeinsame Tochter geboren. Wir gaben ihr einen hebräischen Namen, der übersetzt »Gnadengeschenk Gottes« bedeutet. Denn genau das war sie. Ein Geschenk – und niemals wollte ich vergessen, wie gnädig Gott zu mir war, dass er mir dieses Geschenk anvertraut hatte und ich frei sein durfte, mein Leben zu gestalten und er trotzdem niemals von meiner Seite gewichen war.

Wir heirateten einige Monate später standesamtlich, später kirchlich. »Manchmal brauchen wir den Mut, und die Bereitschaft, uns in unbekannte Bereiche zu begeben«, sagte meine gute Freundin Edith Pauls in einem ihrer Gefühlscoachings. »Trotz der Angst, und ohne zu wissen, was passieren wird. Dann erfahren wir, wie Angst als Explosionskraft die Grenzen sprengt. Durch die Angst-Kraft erweitern wir unsere Komfortzone, unseren Radius und unseren Handlungsspielraum.« Wenn wir uns der Angst stellen, wachsen wir über uns hinaus und entwickeln uns weiter.

Die Schuldgefühle und die Scham über meine nicht so perfekte Biografie schleppte ich trotzdem ein ganzes Jahrzehnt mit mir herum. Im Herbst 2022 sprach ich bei einem Youtube Projekt zum ersten Mal öffentlich über meine Geschichte. Einige Menschen aus meinem ehemaligen Gemeindekontext fühlten sich davon angegriffen und kommentierten den Beitrag kritisch. Beim Lesen ihrer Kommentare spürte ich, wie mein Herz raste, sah im Spiegel, wie meine Haut von knallrot auf aschfahl wechselte und erlebte, wie meine Hände zitterten. Ich versuchte zu verstehen, was mit mir geschah und merkte, dass ich mich immer noch schämte und schuldig fühlte. Abends lag ich im Bett und überlegte, wem gegenüber ich eigentlich Schuld empfand. Den Menschen aus den Gemeinden gegenüber, dachte ich. Die hatte ich enttäuscht, weil ich ihrem Bild von mir nicht entsprach. Aber ich konnte ja nicht jeden einzelnen darum bitten, mir zu vergeben und mir meine Schuld zu nehmen. Ich erkannte, dass nur ich selbst mich von Schuld und Scham freimachen konnte und ich niemanden brauchte, der mir Absolution erteilt. Ich durfte sie mir selbst geben. Schuld und Schamgefühle kommen von innen, nicht von außen.

Wir waren im Urlaub an der Nordsee, als mir das klar wurde. Am nächsten Tag schnappte ich mir zwei große Steine und schmiss Schuld und Scham sinnbildlich ins Meer hinaus. Glücklicherweise war gerade Flut. Schuld und Scham wurden fortgetragen. Genauso, wie ich als Kind gelernt hatte, dass Gott unsere Sünde, wenn wir sie bekennen, in die Tiefen des Meeres wirft und dort für immer und ewig versenkt, befreite ich mich nun selbst von der Last der alten Tage. Wenn Gott mir die ganzen Jahre über nichts nachgetragen hat, wieso sollte ich das noch einen Tag länger tun? Wieso habe ich es überhaupt so lange getan?

Niemals mehr würde ich mich in Schuld und Scham gefangen halten lassen.

Scham zieht ihre Macht aus der Tatsache, dass wir nicht über die Ursache unserer Scham sprechen. Die Lösung ist, dass wir einfach darüber sprechen müssen. Wenn wir unsere Verletzlichkeit zulassen und zeigen und uns nicht hinter perfektionistischen Ansprüchen verstecken, verschwindet auch die Scham. Als ich für mich akzeptieren konnte, dass ich keine perfekte Lebensgeschichte brauche, um gut (genug) zu sein, dass ich einfach normal und unperfekt sein darf, begann ich, meine Geschichte zu teilen. Ich machte mich damit verletzlich, ja angreifbar, und schuf gerade dadurch eine Nähe und Echtheit, die niemandem etwas vorspielen musste. Heute macht es mich traurig, wenn ich bemerke, dass Menschen denken, Gott hätte irgendein Interesse daran, dass wir unser wahres Ich, unsere Sehnsüchte, unseren Kummer, unseren Leidensdruck verbergen, vorgeben, jemand zu sein, der wir nicht sind, und unser Leben damit verbringen, uns zu verleugnen und gegen uns selbst anzukämpfen.

Ich bin der Überzeugung, dass wir uns bemühen dürfen, unsere Charakterschwächen, unsere Verletzungen, unser Selbst durch authentische Beziehungen, durch liebevolle Begegnung auch vor Gott, zu heilen. Dem wahren Selbst auszuweichen, indem wir so tun, als wären wir anders als wir es in Wahrheit sind, wird uns niemals an den Ort in unserer Seele bringen, an dem wir entspannt und erleichtert aufatmen, weil wir einfach sein dürfen. Denn genau so, wie wir sind, sind wir geliebt.

»Wenn du fliegen willst, musst du die Sachen loslassen, die dich runterziehen.«

Toni Morrison

IV.
»Kein Sex vor der Ehe!«

Unsere Gemeindepädagogin war eine hingebungsvolle Evangelistin und Missionarin. Sie liebte Jesus und war voller Eifer für ihn. Und sie liebte Kinder von ganzem Herzen und wollte so vielen wie möglich die Gelegenheit geben, Jesus kennenzulernen. Auch Kindern, deren Eltern nicht in der Gemeinde waren. Sie holte sie sogar zu Hause ab, es war ein echter Dienst. Mitunter fuhr sie sogar außerhalb von Leipzig herum, um Kinder einzusammeln.

So brachte sie auch zwei Jungs in den wöchentlichen Bibelunterricht und sonntags in den Gottesdienst mit, die mit zwölf Jahren in ihrer Freizeit Autos knackten. Einer von ihnen wurde mein erster Freund. Er schrieb mir die ersten Liebesbriefe, die ich bekam. Darauf waren immer sehr viele Herzen gezeichnet, in denen stand: »Priska + Ronny = Kinder«. Ich war zehn oder elf Jahre alt, in der 5. Klasse, und es war sehr aufregend, Liebesbriefe zu bekommen und ankreuzen zu dürfen, ob man mit jemandem gehen möchte oder nicht. Ich war schon damals neugierig und probierte gern neue und unbekannte Dinge aus. Also kreuzte ich »Ja« an, obwohl er zwei Köpfe kleiner war als ich. Er war ein spannender Junge, ganz anders aufgewachsen als ich und irgendwie wild.

Was machte man, wenn man mit elf Jahren einen Freund hatte? Ich hatte keine Ahnung und entschied, dass sich nichts verändern würde. Meine Eltern hätten mir nie erlaubt, allein mit ihm ein Eis essen zu gehen oder ihn zu mir einzuladen. Dann fuhr meine Mama jedoch für einige Wochen auf eine Reha. Ich war allein in unserem Haus, mein Papa war auf der Arbeit und nur die Haushaltshilfe, die normalerweise nur einmal pro Woche zum Putzen kam, war jetzt aufgrund der außergewöhnlichen Situation, jeden Tag für mehrere Stunden anwesend und passte auf mich auf.

Ich hatte keinen Bezug zu ihr, kannte sie auch nicht gut und hielt mich fern von ihr, denn ich hatte meine Eltern einmal flüstern hören, dass sie wohl ein Alkoholproblem habe. Ich wusste nicht, was das bedeutete, aber es klang gefährlich für mich als Kind und mit Menschen, die mir nicht geheuer waren, wollte ich nichts zu tun haben. Die Frau war aber freundlich zu mir und wir ließen uns alles in allem gegenseitig in Ruhe. Ronny kam mit seinem Freund Enrico und seiner Schwester in diesen Wochen der Reha meiner Mama regelmäßig zu Besuch oder rief mich an.

Als sie zum ersten Mal vor der Tür standen, ging ich raus zu ihnen. Wir standen auf der Straße unserer kleinen Siedlung und unterhielten uns. Ich wusste nicht, wie ich mich verhalten sollte, was von mir erwartet wurde. Enrico fragte uns, wann wir das erste Mal Sex haben würden, was unsere Eltern uns erlaubt hatten. Ich sagte, dass ich erst heiraten würde, und dann dürfte ich Sex haben. Enrico war verwundert über meine Antwort und meinte, seine Mama hätte ihm erlaubt, mit 16 Jahren zum ersten Mal mit einem Mädchen zu schlafen. Dann fragte er, ob sie mal mein Zimmer anschauen dürften, denn »Ronny müsse ja mal das

Bett testen.« Ich guckte erst ihn an, dann Ronny. Beide grinsten sich an. Ich war noch jung, aber ich wusste, was sie meinten, und es war mir unglaublich unangenehm. Wollte er wirklich vor seiner Schwester und seinem Kumpel mein Bett testen? Ich vermutete, dass das ein Scherz sein sollte, aber er hatte auch Autos geknackt und Reifen aufgestochen! Vielleicht war ihm auch alles zuzutrauen. Ich fand das Gespräch und die Frage unangebracht, aber weil ich mich nicht traute, Nein zu sagen, kamen alle mit in mein sehr kleines Zimmer unterm Dach. Dort standen wir nun gedrängt zu viert und starrten mein Bett an. Glücklicherweise hatte ich eine Tagesdecke darübergelegt. Die Jungs machten anzügliche Kommentare, dann gingen wir wieder raus, standen wieder auf der Straße. Zum Glück sah ich wenige Minuten später meinen Vater mit dem Auto kommen, so dass ich mich schnell verabschieden konnte. Er hätte mir nie erlaubt, in meiner Freizeit mit den Dreien zusammen zu sein und das Trio machte sich dann auch schnell aus dem Staub.

Zurück blieb ein Gefühl des Unwohlseins. Ich ärgerte mich, dass ich keine Grenzen gezogen hatte. Die Tage danach ließ ich mich von unserer Haushaltshilfe entschuldigen, wenn Ronny vor der Tür stand. Ich versteckte mich hinter geschlossenen Jalousien und ignorierte das Klingeln des Telefons. Glücklicherweise scheute sich die Haushaltshilfe nicht, für mich zu lügen. »Ein Glück, dass sie keine Christin ist, sie hat kein Problem damit, die Unwahrheit zu sagen«, dachte ich, während ich im Wohnzimmer auf dem Bauch hinter unser Sofa robbte und mich ganz hinten in der Ecke versteckte.

Am nächsten Sonntag saß ich mit meiner Freundin Elli im Gottesdienst neben Ronny und seiner Schwester auf der Empore ganz hinten, bis der Kindergottesdienst losging und wir aufstehen und nach unten laufen mussten aus dem Gottesdienstraum hinaus. Ich stand auf, Ronny hinter mir. Er schlug mir kräftig auf den Hintern. Ich reagierte nicht, ließ mir nichts anmerken, hatte aber das Gefühl, alle Gottesdienstbesucher mussten das gesehen haben. Es fühlte sich erniedrigend an und keinesfalls richtig. Was bildete er sich ein? Hatte ich ihm das erlaubt? Wir hatten noch nicht mal Händchen gehalten! Sicherlich hatte er das bei Erwachsenen gesehen, aber es war absolut daneben und übergriffig, ich hatte nicht den Mut, mich zu wehren. Ich schämte mich in dem Moment, fragte mich, ob ich ihm einen Vorwand gegeben hatte, um mich so zu berühren.

Im Kindergottesdienst erzählte meine Tante uns gerade die Bibelgeschichte für den Tag und gab uns Stifte und Papier, damit wir etwas Passendes dazu zeichneten, als Ronny seine Hand ausstreckte, mir mit dem Finger liebevoll über die Wange streichelte und mich dabei anlächelte. Ich wurde knallrot. Meine Tante sah mich besorgt an. Das war mir noch unangenehmer. Ich fühlte den Impuls, mich für das übergriffige Verhalten meines Freundes im Sonntagsschulunterricht entschuldigen zu müssen, spürte aber schon damals, dass es natürlich nicht an mir war, mich zu entschuldigen. Meine Tante sagte nichts, glücklicherweise. Ich senkte den Kopf und tat so, als sei nichts geschehen. Ronny war ebenfalls still. So schwiegen wir alle diese Berührung aus. Ich machte am nächsten Tag per Brief mit ihm Schluss.

Nur wenige Monate später waren neue Jungs da, die unsere Gemeindepädagogin mitbrachte. Auch die hatten in der 6. und 7. Klasse nur ein wichtiges Thema: Sex. Einer erzählte mir stolz, er habe mit zwölf Jahren in der Sauna mit seiner Cousine sein erstes Mal erlebt und fragte mich, ob ich ihn nächste Woche im Eiscafé treffen wolle. Ich verneinte. Weniger, weil ich komplett abgeneigt war – er sah eigentlich ganz gut aus –, aber vor allem deshalb, weil ich niemals die Erlaubnis meiner Eltern bekommen hätte und das Gebot »Kein Sex vor der Ehe« schon in diesem Alter wie ein wichtiges Stopp-Schild vor mir stand: Es war ausgeschlossen, jemals einen Freund haben zu können, der kein Christ war und die Überzeugung, dass Sex in die Ehe gehörte, nicht ebenfalls in sich trug. Das bewahrte mich – davon bin ich heute überzeugt – vor vielen Fehlentscheidungen und Herzschmerz und gab mir die Möglichkeit, mich auf mich und meine Freundschaften zu konzentrieren. Und es führte zu einigen lustigen Situationen.

Es muss in der 7. Klasse gewesen sein, als mein Sportlehrer auch der Religionslehrer unserer Klasse wurde. Ein Hüne von Mann mit einer kräftigen Baritonstimme. Eher furchteinflößend. Ich wunderte mich, dass er Religionslehrer war, irgendwie passte das gar nicht zu ihm. Tatsächlich besprachen wir in diesem Jahr vor allem Themen wie Hexenverfolgung und Aliens anstatt klassischen biblischen Unterrichts.

In einer Stunde sprachen wir über die Zehn Gebote und Mose und das Volk Israel. Er fragte uns, welche Gebote wir kennen würden und die Finger in meiner evangelisch-lutherisch landeskirchlich geprägten Schule gingen fleißig nach oben. »Du sollst nicht lügen«, sagte einer. »Du sollst nicht morden«, eine andere. »Priska?«, rief der Lehrer mich auf. »Du sollst keinen Sex vor der Ehe haben«, sagte ich bestimmt. Die Klasse lachte. Der Lehrer blieb ernst, wiegte aber nachdenklich seinen Kopf. Hatte ich etwas Falsches gesagt? Ich war verwirrt. Und schämte mich. »Nun. Nein, das ist keins der Zehn Gebote«, sagte er. Ich wurde rot, als meine Klasse wieder lachte. Aber ich verstand nicht richtig, was ich Falsches gesagt hatte. Es war doch verboten?

Die Bedeutung sexueller Reinheit wurde mir von Kindheit an von Seiten meiner fundamentalistischen Gemeinde als höchstes Gebot eingetrichtert. Diese Reinheit betraf jedoch nicht nur den eigentlichen sexuellen Akt, sondern auch die Art und Weise, wie Mädchen und Frauen sich zu kleiden haben, um Männer nicht zur Sünde zu verführen. Denn es galt schon als Sünde, auch nur den Gedanken zu hegen, mit einem Partner beziehungsweise einer Partnerin des anderen Geschlechts, intim zu werden. Die Bibelstelle aus Matthäus 5,28 »Ich aber sage euch, dass jeder, der eine Frau ansieht, sie zu begehren, schon Ehebruch mit ihr begangen hat in seinem Herzen«, war die am meisten zitierte Stelle in diesem Kontext.

Es gab klare und eng gesteckte Regeln, und diese verstärkten sich, wurden immer radikaler, je älter ich wurde. Besonders stark eingeprägt hat sich in meiner Erinnerung ein Jugendfestival namens TeenStreet, das von einer bekannten Missionsgemeinschaft veranstaltet wurde. Dieses Festival war international; mehrere Tausend Jugendliche feierten jeden Sommer für einige Tage Jesus. Es war atemberaubend. Nicht nur die vielen verschiedenen Nationen, auch die Größe, die amerikanischen Sprecher, die coolen Bands, die noch coolere Songs für Jesus spielten und die uns dazu ermutigten, Jesus unser ganzes Leben hinzugeben. Ich suchte abends in meinem Schlafsack im englischen Wörterbuch nach dem Wort »Surrender« und fand, dass »Hingabe« genau meine Herzenssehnsucht war. Ich wollte mich Jesus ganz hingeben. JA zu ihm sagen! Zu 100 Prozent. Ich wollte ihm mein ganzes Leben übergeben. Und ich wollte alles tun, was nötig war, damit es auch wirklich 100 Prozent waren!

In einer Kleingruppe mit ungefähr sieben anderen Mädchen hatten meine beste Freundin Elli und ich jeden Tag eine Andachts- und Gebetszeit. Wir besuchten Workshops und abends Konzerte von christlichen Bands. Ich war begeistert von Jesus. In diesem Jahr sprachen wir über das Wort Metamorphose, darüber wie sich ein Schmetterling aus einer Raupe heraus entwickelt. Es ist das griechische Wort für Gestaltveränderung, und man wollte uns herausfordern, uns ebenfalls zu verändern, uns von Jesus verändern zu lassen, in unsere Berufung, unser besseres Ich zu kommen. Mit deutschen Übersetzern, Lichttechnik, Techno-DJs und amerikanischen Sprechern, die die allercoolsten Styles trugen, war ich nur eins: Hingerissen. Es war unglaublich toll, das erleben zu dürfen. Ich wollte unbedingt Jesus noch mehr begegnen, ihn noch besser kennenlernen. Und in all dieser Begeisterung schwang immer die Sorge mit, nicht gut genug zu sein, nicht ausreichend zu geben, und damit nicht zu genügen, um in der Ewigkeit zu ihm zu kommen. Dennoch: TeenStreet weckte diese absolute Begeisterung für großartige, mitreißende Gottesdienste und Jesusliebe in mir.

Woran ich mich jedoch störte, was mich schon als 14-Jährige wütend machte und was ich weder verstand noch verstehen wollte, war eine lange Liste von Kleiderregeln, die mit der Anmeldung zum Festival in meinem Briefkasten lag. Sie war sehr explizit. Kurze Hosen durften bei Mädchen nicht kürzer als bis zur Mitte der Oberschenkel sein. Spaghettiträger waren verboten. Kleidung, die Unterwäsche durchscheinen ließ, war auch verboten. Das war ja noch verständlich, eine gewisse Kleider-Etikette war einzuhalten. Aber es war mehr als das. Es ging um bauchfreie Tops, Röcke und Kleider und das alles nur für Mädchen. Jungs war es verboten, oberkörperfrei herumzulaufen, das war alles, was auf deren Liste stand. Ich verstand, dass es darum ging, niemanden zu verführen, dass es bei mehreren tausend Jugendlichen darum ging, das dort niemand versehentlich schwanger wurde und man die hormonell übersteuerten Jugendlichen vor sich selbst beschützen wollte. Aber ich verstand auch wieder nicht, warum ich mich so sehr einschränken sollte, warum ich mich bei 36 Grad Hitze praktisch verhüllen musste und nicht Eigenverantwortung, Selbstkontrolle und verantwortlicher Umgang mit Sexualität das Thema waren, sondern nur Regeln, die mich als Mädchen zur Verführerin abstempelten.

Ich ärgerte mich so sehr darüber, dass ich beinahe an jedem Tag der Freizeit mit der Gruppenleiterin ein Gespräch darüber begann, in der ich versuchte, sie von der Absurdität der Regeln zu überzeugen und deutlich zu machen, dass diese Regeln dann auch für Jungs gelten sollten. Schließlich durfte ich dann doch meine Tank Tops tragen, ohne dass jemand der Verantwortlichen noch etwas dazu sagte.

◈ ◈ ◈

In meiner Jugendzeit hingen an den Wänden meines Zimmers riesengroße Poster der Aktion *Wahre Liebe wartet*. Diese hatte es sich zur Aufgabe gemacht, Jugendlichen das Thema »Kein Sex vor der Ehe« schmackhaft zu machen. In den USA gab und gibt es so genannte »Purity Balls«, bei denen Väter ihre Töchter abends ausführen und diese dort einen Vertrag bzw. ein schriftliches Versprechen unterzeichnen, mit dem Sex bis zur Ehe zu warten. In Deutschland gab es nur die Vertragskarten. Ich erinnere mich daran, dass dieser Zettel vor mir lag. Ich hatte den Stift schon in der Hand, aber dann schob ich die Karte weg und schmiss sie in den Papierkorb. Niemandem wollte ich so etwas Wichtiges versprechen, niemandem darüber die Hoheit geben, außer mir selbst. Ja, ich wollte tatsächlich auf den *einen* warten, den einen Menschen, der mich liebte, der mich heiraten wollte. Aber vor allem deshalb, weil ich mir selbst kostbar war, weil ich mich sicher fühlen wollte, wenn ich so etwas Intimes teilte.

In unseren fundamentalistischen Kreisen gab es viele sexuelle Regeln und vor allem Verbote. Selbstbefriedigung, zum Beispiel, war sündig und obwohl es natürlich die meisten oder wahrscheinlich alle Jungs und jungen Männer taten, sprachen sie nicht darüber. Eher verdammten sie sich dafür oder fühlten sich dadurch von Gott oder der Gemeinde verdammt oder wenigstens immer in Schuld und der Vergebung bedürftig. Wir Mädchen entwickelten oftmals gar keine richtige Beziehung zu unserer eigenen Sexualität und unseren Geschlechtsorganen. Ich wusste nicht mal, wo ich den Tampon hinstecken musste, als ich das erste Mal meine Periode bekam. Ich vermied es, mich zu berühren, aus Sorge, ich könnte voreheliche Lust empfinden. Obwohl man uns erzählte, wie gesund und wichtig Sexualität ist, und wie schön es ist, sie in der Ehe ausleben zu dürfen, wurde sie unterdrückt. Wie in der antiken Weltsicht der Gnostik, galt der Körper als Ort der Fleischeslust und darum als Ort der Sünde.

Ich hörte zum ersten Mal in einer Predigt davon, dass der Geist dagegen heilig ist, die neue Schöpfung, hingegen das Fleisch, der Körper, schlecht. Dieses gnostische Konzept erschien mir damals erhellend. Ich wusste nicht, dass diese Wahrnehmung schädlich, völlig überholt und keinesfalls göttlich ist. Daraus ergaben sich zwei Schlussfolgerungen: Entweder man lebte unter strenger Askese, jede Begierde des Körpers wird streng verleugnet. Oder man denkt sich: Wenn der Körper eh schlecht ist, ist es völlig bedeutungslos, was ich mit ihm anstelle. Für den Gnostiker war der eigene Körper etwas, das niemals Teil der Erlösung sein konnte. Die christliche Botschaft, dass der gesamte Mensch erlöst war, war etwas vollkommen Neues. Daran schließt sich aber die Forderung nach Reinheit an.

Die Folge war, dass viele in unserer Gemeinschaft sehr jung heirateten und sich dann über viele Jahre hinweg eine gesunde Sexualität erkämpfen mussten. Wenn dies nicht gelang, waren sie oft und schnell wieder geschieden. Wenn Sexualität so lang unterdrückt wird, ist nicht direkt nach der Hochzeit alles gut in dieser Frage. Es gab und gibt natürlich die Ehen, in denen das Paar trotz früher Eheschließung eine wunderbare Verbindung hat, seine Liebe lebt, und eine erfüllende Sexualität genießt. Ich würde nicht behaupten, dass diese Ehen eine Seltenheit sind, dafür habe ich keine Statistiken. Ich kann nur von mir sprechen, und meine eigene Geschichte erzählt davon, dass die Purity Culture in dieser radikalen Form mir viele Hürden in den Weg gestellt und Schmerzen zugefügt hat.

Eine Liebesbeziehung einzugehen, war für mich immer sofort existenziell. Generell gingen wir nur Beziehungen ein, wenn wir uns vorstellen konnten, dass es für immer ist, wir heiraten würden. Natürlich trennten wir uns auch, nicht immer führten alle Beziehungen zu einer Ehe, aber wir gingen sie in unserer Gemeinschaft nicht leichtfertig ein. Die Beziehungen waren meist sehr geprägt davon, sich kennenzulernen, ohne den sexuellen Aspekt zu groß werden zu lassen. »Wie weit ist zu weit?« und »Wie ziehe ich Grenzen, damit ich nicht doch aus Versehen Sex vor der Ehe habe, weil ich mich nicht mehr zügeln konnte?«, waren wichtige Gesprächsthemen und jeder fand eine andere, individuelle Antwort.

In meinen Teenagerjahren war das Buch von Joshua Harris »Ungeküsst, und doch kein Frosch« sehr erfolgreich. Darin erzählte er, dass er seine Frau erst vor dem Traualtar zum ersten Mal geküsst hatte. Weil der Kuss eben, ähnlich wie die öffentliche Präsentation des blutverschmierten Bettlakens nach der Hochzeitsnacht zu früheren Zeiten, den Ehebund besiegelte. Oder vielleicht auch, weil er es eben richtig machen, Gott gefallen wollte. Vielleicht auch, weil der Erfolgsdruck, der bessere Christ zu sein, sich Gottes Liebe zu verdienen, ihn schlussfolgern ließ, dass er so leben wollte. Wie dem auch sei, inzwischen hat Harris sich nach vielen Ehejahren von seiner Frau scheiden lassen und sich offiziell für dieses Buch, und den Schaden, den er damit bei vielen jungen Menschen verursacht hat, entschuldigt.[1]

Für mich als Teenager war es ein Geschenk in Ehren gehalten zu werden. Ich war den Männern, mit denen ich Beziehungen einging, kostbar und sie liebten mich. Ich war sicher, dass ich nicht benutzt wurde, und ich wurde auch nicht versehentlich schwanger. Mir wurde in den Beziehungen kein Schaden zugefügt. Aber zugleich brodelte es in mir. Ich war leidenschaftlich, wild und sehnte mich nach Abenteuer.

Obwohl ich mich also nach Außen anpasste, versuchte, die Gebote Gottes zu halten und vor allem, keinen Sex vor der Ehe zu haben, spürte ich diese Unruhe. Ich versuchte, Antworten zu finden. Damals gab es Google noch nicht und darum suchte ich Lösungen in Psychologieratgebern meiner Mutter, fand aber kein Buch, keine Antwort, ob Sex vor der Ehe eventuell doch keine

Sünde sein könnte. Ich wusste nur, dass ich mich damit nicht zufriedengeben würde.

Damals, in meiner Teenagerzeit, hatte ich einen guten Freund, der, obwohl er aus meinem Gemeindeumfeld kam, rauchte, trank, mit Frauen schlief und trotzdem auf der Bühne stand und Christ war. In einer Pfingstgemeinde. Ich war davon nicht schockiert, eher fasziniert. Ich freute mich daran, Menschlichkeit zu sehen und war frei von Verurteilung. Ich verstand nur nicht, wie er seinen Glauben mit seinem Lebensstil verbinden konnten. Wir waren alle gleich aufgewachsen: Wieso konnte er vor Gott stehen mit reinem Gewissen und ich hatte schon ein »schwarzes Herz« und Höllenangst, wenn ich nur einen Zungenkuss austauschte? Eine Antwort fand ich nicht. Fasziniert war ich dennoch.

Doch für mich gab es diesen Freiraum, um mich auszuleben, nicht. Lag es daran, dass ich eine Frau war und ich kritischer beäugt wurde? Oder lag es daran, dass mein Glaubensleben, das man mir beigebracht hatte, ein so strenges Regelwerk beinhaltete, dass es für mich keine Möglichkeit gab, in irgendeiner Form auszubrechen?

Als ich 18 war, waren wir mit unserer Kirchgemeinde auf einer Silvesterfreizeit in Dresden. Wir trafen wieder auf die anderen Pfingstgemeinden und die Jugendlichen und jungen Erwachsenen dort. Es war ein Happening, eine große Party. Irgendwer war immer in irgendjemanden verliebt, das war aufregend. Wir besuchten Workshops zu Themen wie Theater spielen, tanzen, Musik und Sport und wir vertieften unsere Freundschaften. Nachts versuchten wir Mädchen, die Jungs mit Bettlaken zu erschrecken, aber das misslang völlig. Eines der Highlights war die

»Christian Disco«, eine Disco in einem angemieteten Club, bei dem aber nur christliche Rock- und Popmusik gespielt wurde. Für die einen war das wichtig, da sie versuchten, sich von der säkularen Welt abzusondern, und sich keinen möglicherweise satanischen Texten aussetzen wollten. Für andere war es nicht so wichtig, welche Musik gespielt wurde. Hauptsache, wir konnten tanzen. Alkohol wurde offiziell nicht ausgeschenkt, aber nach dem offiziellen Teil verschwanden viele der jungen Erwachsenen nach Hause und feierten dort mit Alkohol und Zigaretten weiter. Es war trotzdem alles harmlos und keusch. Niemand schlug über die Stränge.

Ich trug auf dieser Freizeit an einem Tag einen Minirock und darunter eine knallblaue Leggings. Das Outfit war alles andere als sexy. Die Leggings und die pinken Stulpen dazu erinnerten eher an einen Tanzfilm aus den 80er-Jahren. Penibel hatte ich darauf geachtet, keine transparenten Strumpfhosen anzuziehen. Ich wusste: Frauen müssen sich immer bedecken. Das führte dazu, dass ich bei jeder christlichen Veranstaltung darauf achtete, dass mein Rock mindestens knielang war, und ich noch eine Strickjacke über meine Tops zog.

An diesem Tag, an dem ich meine knallblauen Leggings ausführte, nahm mich eine Frau Anfang 20 zur Seite. Sie war auf einer Bibelschule, wollte Pastorin werden und strahlte eine natürliche Autorität aus. Ich mochte sie. »Priska«, flüsterte sie. »Du solltest wirklich versuchen, dich angemessener zu kleiden.« Ich war irritiert. »Was meinst du?«, fragte ich. »Dein Rock ist viel zu kurz.« »Aber ich trage doch Leggings!«, sagte ich verwundert. »Ich habe extra Leggings angezogen!« Ich schwankte zwischen hysterischem Lachen und blankem Entsetzen angesichts dieser abstrusen Vorstellung, wie Frauen sich verhüllen sollten. Und noch etwas weiteres kam hinzu: Ein Gefühl von Schuld. Denn sie sagte: »Priska, wir haben Verantwortung für die Männer in unserem Umfeld. Wir dürfen sie nicht verführen.«

Wirklich? Verführte ich Männer zur Sünde, indem ich einen Minirock mit Leggings trug, die so schrill waren, dass mit ziemlicher Sicherheit die Männer eher vor mir erschraken als sich angezogen zu fühlen? Ich hatte nicht den Eindruck, dass überhaupt einer der anwesenden Männer Interesse an mir zeigte. Ich verabschiedete mich aus dem Gespräch und war ernüchtert. Ich hatte mich gut und wohl gefühlt in meinem Körper, das war nun vorbei. Ich zog die Kleidung trotzdem nicht aus, denn ich fand diese Ansage völlig übertrieben. Aber ein Gedanke blieb und nagte an mir: Was, wenn ich schuld bin am Versagen der Männer, die einen Blick auf meine Beine werfen?«

Leider sollte diese Geschichte kein Einzelfall bleiben. Später auf der Bibelschule verhüllten wir uns noch mehr. Wir Frauen mussten Unterhemden tragen, damit man, falls die Pullover über die Hüftjeans rutschen, keine Haut sehen konnte. Ich kaufte mir schwarze Tops, damit es wenigstens halbwegs gut aussah. Ein Mann beschwerte sich, als eine Frauengruppe einen Tanz aufführte, und man deren nackte Füße sehen konnte. Er sagte, sie würden ihn zur Sünde verführen.

Sexualität war so sehr unterdrückt, dass sich das gegenseitige Begehren immer wieder impulsiv entlud. Es fanden sich junge Paare auf der Bibelschule, die sich im Heizungskeller oder Fitnessraum versteckten, dort aufs heftigste aneinander herumfummelten und sich schämten, wenn sie entdeckt wurden. Es gab unzählige Verbote, die sogar so weit gingen, dass man mit seinem Partner nicht unter einer Wolldecke kuscheln durfte, wenn man gemeinsam im Aufenthaltsraum nebeneinandersaß. Wir wurden separiert und man meinte es gut. Wir sollten uns auf Gott konzentrieren, auf die Ausbildung und nicht darauf, wie in einer schlechten Fernsehsoap zusammenzuleben. Im Nachhinein betrachtet, habe ich das Gefühl, dass nur ich mich strikt an alle Regeln gehalten habe und sehr viele andere heimlich gemacht haben, wonach ihnen der Sinn stand. Ich hielt mich an die Regeln, weil ich dachte, dass dies Gottes Wille sei, dass es so genau richtig sei. Und ich trug immer noch furchtbare Höllenangst mit mir herum. Ich wollte nicht riskieren, verdammt zu werden.

Später in meiner Ausbildung als Pastorin war ich immer wieder mit Sexismus konfrontiert. Als Frau wurde ich zu einem sexuellen Objekt degradiert, meine Anwesenheit sexualisiert. Einmal kam nach einer Predigt ein älterer Mann zu mir, der als Tourist in der Stadt war. »Das war wirklich eine gute Predigt«, sagte er und kam mir ganz nah. Ein wenig zu nah. »Aber, wenn du das heilige Wort predigst, solltest du dich auch heilig kleiden«, gab er mir als Ratschlag mit. »Da kann man sich ja sonst gar nicht konzentrieren«, musste er noch ergänzen. Es schüttelte mich. Ich muss nicht erwähnen, dass ich selbstverständlich angemessen gekleidet war, weil es mir ja gerade so wichtig war, niemanden zur Sünde zu verführen!

Ein anderes Mal, als mein Exmann und ich gerade auf der Suche nach einer neuen Arbeitsstelle waren, wurden wir von einem uns unbekannten Pastor ohne Gründe abgelehnt. Er machte sich gar nicht die Mühe, uns weiter kennenzulernen. Nur einige Monate später wurde er mir auf einer großen Konferenz vorgestellt. Er musterte mich aufmerksam von oben bis unten und sagte dann: »Wenn ich gewusst hätte, dass du so schön bist, hätte ich dich doch angestellt.« Ich wusste vor Verblüffung und Schrecken nicht, was ich auf diesen offenen, übergriffigen Sexismus eines Pastors antworten sollte, und verabschiedete mich nur.

Die Wahrnehmung der Sexualität als Sünde beziehungsweise eine strenge Sexualmoral sind in fundamentalistischen Kreisen oft stark überhöht. Sexualität darf bis zur Hochzeit in keiner Weise ausgelebt werden. Wenn es doch passiert, ist es Sünde. Und dadurch beginnt man, einen Bestandteil von sich selbst, der so wunderschön und natürlich ist, zu hassen. Denn man lernt, die Sünde zu hassen.

Man beginnt also, den Wunsch nach körperlicher Intimität langsam von sich abzuspalten, um nicht der Sünde zu verfallen. Direkt nach der Hochzeit ist dann alles erlaubt, wird von den einen vehement eingefordert, andere jedoch können mit diesem krassen Wechsel gar nicht umgehen – zu lange hatte man sie indoktriniert und die Sexualität als sündig gebrandmarkt. Nun ist es fast unmöglich, den Schalter einfach umzulegen. Das Ergebnis ist leider nicht selten eine unerfüllte, unglückliche Sexualität.

In meiner Jugendzeit habe ich erlebt, wie Sexualität, ein wichtiger Bestandteil meines Menschseins, zur Sünde erklärt wurde. Ich habe erlebt, wie ich und die Partner, die ich hatte, Sexualität niederringen mussten, um dem eigenen Glaubenskonstrukt gerecht werden zu können. Ich habe erlebt, dass vielen in meinem damaligen Bekanntenkreis keine selbstbestimmte Entwicklung möglich war, und sie wie ich, in einem Kreislauf aus Scham und Schuld und dann doch auch unbändiger Sehnsucht feststeckten. Wurde die Sehnsucht zu groß, folgte direkt auf das »Versagen« wieder das Gefühl von Schuld und Scham.

◈ ◈ ◈

»Liebe den Sünder, aber hasse die Sünde«, war einer der in unserer Gemeinschaft meistzitierten Sätze. Ich schäme mich heute dafür, aber wahrscheinlich habe ich ihn selbst auch benutzt in meiner Vergangenheit. Und mit Sicherheit waren die vielen Kommentare über meinen Lebenswandel damals dieser Grundhaltung geschuldet. Denn meist fiel der Satz, wenn es um sexuelle Sünden ging. Für denjenigen, der liebt, klingt er großherzig: Obwohl der Mensch ein Sünder ist, werde ich ihn mit Liebe behandeln. Aber wenn man diejenige ist, über die das gesagt wird, fühlt sich der Satz herablassend ist. Als sei man ein Objekt, dass man lieben muss, ein Projekt, das bearbeitet werden muss und nicht eine Freundin, die geliebt ist, und zwar in allen ihren Facetten. Ich wusste bis vor einigen Jahren noch nicht einmal, dass der Satz zwar in christlichen Kreisen häufig zitiert wird, aber in der Bibel so gar nicht zu finden ist. Ich kann ihn heute so verstehen: Jesus hat die Menschen angenommen und in dieser Atmosphäre des Angenommenseins haben sich die Menschen verändert. Er hat die Sünde zwar nie gebilligt, aber er liebte die Menschen bedingungslos. Wenn er sich scharf gegen Sünder äußerte, dann gegen die Heuchelei religiöser Führer.

In der Bibel lese ich nirgends, dass Gott dazu berufen hätte, andere Menschen zu korrigieren, noch, dass er gefordert hätte, ihnen klarzumachen, dass wir hassen, was sie tun, sie aber trotzdem lieben. Wir können zwischen den Menschen und ihrer Sünde unterscheiden, wir dürfen und müssen sie so akzeptieren wie sie sind: als liebenswerte, aber eben nicht vollkommene Geschöpfe. Wir können die eigene Sünde hassen. Wir können verärgert sein über die Dinge, die schlecht laufen oder bei denen wir versagen. Trotzdem gehören sie zu uns, und mit ihnen sind wir von Gott angenommen.

Der Satz suggeriert, dass die Sünde nicht Teil von uns ist, doch wir können sie nicht einfach von uns abstreifen, unsere Persönlichkeit verändern. Schattenseiten gehören zu uns und sind Teil unserer Stärken. Ich verstehe den Satz heute so, dass Gott uns als verzweifelte Sünder liebt und uns Vergebung und Gnade zuteilwerden lassen möchte.

Martin Luther hat das mit seiner Rede vom Menschen als *simul iustus et peccator* auf eine Art und Weise theologisch in Worte gebracht, die mir aus dem Herzen spricht – der Mensch ist Gerechter und Sünder zugleich, und nicht entweder das eine oder das andere. Wir Menschen sind vor Gott gerechtfertigt, uns ist vergeben. Gleichzeitig sind wir aber Sünder, weil wir niemals alles perfekt machen können, niemals Menschen sein werden, die frei von Fehlern sind. Aber: Uns ist vergeben. Dieses »Dazwischen-Sein« ist aber etwas ganz Wunderbares, weil es uns den Druck nimmt, perfekt sein zu müssen. Wir können es gar nicht – und wir müssen es auch gar nicht. Dankbar dürfen wir annehmen, genauso, wie wir sind, von Gott geliebt zu sein. Und gleichzeitig dürfen wir uns bewusst machen, dass niemand von uns besser ist als jemand anderes, dass wir alle uns strauchelnd, fallend, scheiternd, wieder aufstehend, uns umarmend durch unser Leben bewegen und wir uns zusprechen dürfen, dass wir uns gegenseitig durch dieses Leben helfen: Das wäre etwas gewesen, wovon ich mir mehr gewünscht hätte.

An einem der Gebetswochenenden, von denen ich erzählt habe, musste oder durfte ich einen Workshop zum Thema »Sex« halten. Es war in der Zeit, als es Theo und mir in unserer

Ehe schon nicht sonderlich gut ging. Die ganzen Jahre über hatten wir schon theologische Konzepte hinterfragt, waren eher progressiv oder liberal in unserem Glauben geworden, doch ich teilte diese Gespräche und Überlegungen mit niemandem. Ich blieb angepasst, versuchte, mich in den bestehenden Systemen zurechtzufinden und den Erwartungen, die an mich gestellt wurden, gerecht zu werden. Wie man es im Job macht: Man weiß eben, wie man sich zu verhalten hat, was man zu sagen hat, damit man nicht aneckt. Theo schien sich bei einem Gebetsfrühstück allerdings mal mutig progressiv geäußert zu haben, denn ich bekam einen Anruf vom zuständigen Leiter, der mich proaktiv nochmal darauf hinwies, dass ich darüber sprechen müsste, dass Sex vor der Ehe Sünde sei. Mein Herz wurde schwer. Ich spürte, dass ich meine Authentizität, meine Theologie und mich selbst verriet, indem ich einfach weitermachte und den Ansprüchen genügte. Ich beruhigte ihn am Telefon und versuchte, den Vortrag so vorzubereiten, dass ich ihn authentisch halten könnte und die Pfingstgemeinde trotzdem glücklich damit war. Es rieb mich innerlich auf, ich fühlte mich entsetzlich.

An dem Tag des Workshops erzählte ich den Teenagern alles, was ich über Liebe wusste und wieso es gut sein kann, sich die intime Begegnung bis zur Ehe aufzuheben. Ich dachte die ganze Zeit, dass ich mir selbst und allen anderen etwas vorspielte. Ich verriet mich selbst. Und indem ich nicht authentisch für mich eintrat, wuchsen Scham und Schuld in mir ins Unermessliche. Ich konnte dieses Gefühl nicht auflösen, weil ich nicht einfach in Wahrheit sein konnte, nicht den Mut hatte, echt zu sein. Weil ich etwas vorspielen musste, um die Arbeit zu machen, die ich so liebte. Weil ich nicht authentisch sein konnte, ohne verurteilt und verstoßen zu werden. Es war entsetzlich.

Eine rigorose Sexualmoral ist nicht nur für pfingstlich-charismatische Gemeinden, sondern für die allermeisten Freikirchen typisch. Sexualität darf man erst als verheiratetes, heterosexuelles und monogames Paar erleben. Und auch dann gehört der eigene Körper nicht einem selbst, sondern dem Partner. Das führt dann leider oft dazu, dass die Frauen mit ihren Männern schlafen, auch ohne dazu Lust zu haben. Sie sehen es als ihre Verpflichtung an. Eventuell fordern die Männer den Sex sogar genauso ein, oder machen ihren Frauen Vorwürfe, wenn sie zu wenig Sex bekommen und sich stattdessen selbst befriedigen müssen. Denn auch das gilt in einigen Gemeindekreisen als sündig. Die Frau ist damit verantwortlich dafür, dass ihr Mann nicht der Unzucht verfällt. Dabei wird völlig außer Acht gelassen, dass Paulus in der Bibelstelle in 1. Korinther 7,4 (»Die Frau verfügt nicht über ihren Leib, sondern der Mann. Ebenso verfügt der Mann nicht über seinen Leib, sondern die Frau.« / Lutherübersetzung) auch den Mann anspricht. Auch sein Leib gehört ihm nicht mehr. Was muss das damals für ein Affront gewesen sein in der patriarchal geprägten Gesellschaft! Sexuelle Gemeinschaft auf Gegenseitigkeit!

Durch die Verteufelung und rigorose Unterdrückung der eigenen Sexualität durch eine Druck und Kontrolle ausübende Gemeinschaft, die sich auf den Willen eines strafenden Gottes beruft, wird etwas, das natürlich und lustvoll in uns Menschen angelegt ist und Bestandteil unseres Sein ist, von uns abgespalten. Wir lernen vielleicht sogar, diesen Teil von uns zu hassen, weil die Lust zur Sünde führt. Die Lehre von Erlösung von der Sünde führt in diesem Umfeld einerseits dazu, dass man Erleichterung verspürt, wenn man um Vergebung dafür bitten kann, wenn man sich voneinander verführt gefühlt hat. Aber die Tatsache, dass Vergebung nötig ist, untermauert umgekehrt die Sündhaftigkeit. Die Folge ist, dass man noch gehemmter wird, noch mehr versucht, alles richtig zu machen, um Gott zu gefallen. Ein wichtiger Bestandteil des eigenen Seins wird dadurch als Sünde gebrandmarkt. Man ist ständig damit beschäftigt, sich selbst zu verdammen und die eigenen Bedürfnisse zum Feind zu erklären. Diese Entwicklung setzt vor allem in der Pubertät ein, in der die Sehnsucht nach Sex erwacht, und so wie aus dem Kind Mann oder Frau wird, wachsen Schuld und Scham beinahe kongruent mit.

◈ ◈ ◈

Als klar war, dass mein Mann Theo und ich nicht mehr zusammenfinden und uns tatsächlich trennen würden, als wir begannen, Möbel, Bücher und Geschirr zu teilen, spürte ich einen Mix aus Erleichterung und tiefstem Schmerz, den nur das Zerbrechen eines tiefen Wunsches auslösen kann. Der Traum einer glücklichen Ehe bis zum Ende meines Lebens und einer »gesunden« (denn welche Familie ist schon komplett gesund und wer definiert das?) Familie war zerbrochen. Gleichzeitig war ich so dankbar und glücklich, dass die unsichere und von Streit überschattete Trennungszeit zu Ende war und ich diese Ehe nicht bis zu meinem Lebensende fortsetzen musste. Die Trennung war die richtige und beste Entscheidung für uns alle!

Dennoch war mein Lebensgefühl zu dieser Zeit vollkommen ambivalent und widersprüchlich. Ich war voller Vorfreude auf mein neues Leben und hatte gleichzeitig das Gefühl, in einem tiefen Loch zu sitzen. Ich warf mich Hals über Kopf in das Abenteuer und war dabei so unglücklich, dass ich kaum essen konnte und ständig krank wurde. An einem Abend, Monate bevor Björn in mein Leben trat, traf ich mich mit einigen Freundinnen und Klassenkameraden aus meiner Schulzeit. Es war ein gemütlicher Abend. Irgendwann saß ich neben Tom, einem blonden, attraktiven Mann, den ich von früher kannte, mit dem ich aber nie viel gesprochen hatte. Wir verstanden uns auf Anhieb, ich erzählte ihm relativ schnell meine Lebensgeschichte. Wir gingen später am Abend noch zusammen durch die Straßen Leipzigs, suchten eine Bar oder einen anderen Ort, an dem wir weiterreden konnten. »Ich wohne gleich hier«, sagte ich zu ihm. »Wir können zu mir gehen.« Er war überrascht und antwortete: »Sag das doch gleich, das machen wir!« Auf der kurzen Strecke bis zu meiner Wohnung fiel mir ein, dass er meine Einladung vielleicht falsch verstanden haben könnte? Ich war völlig naiv, ich kam aus einer kleinen fundamentalistischen Blase, in meiner Jugend hatten »Wahre Liebe wartet«-Plakate mein Zimmer geziert und ich hätte überhaupt nie daran gedacht, dass irgendjemand mit mir schlafen wollen würde. Ich verwarf diesen Gedanken auch gleich wieder, denn schließlich hatte Tom mich zu Schulzeiten nie beachtet.

Bei mir zu Hause holten wir uns etwas zu trinken und traten auf den Balkon. Wir hatten eine beeindruckende Aussicht über Leipzig bei Nacht. Er mochte die Wohnung. »Wenn ich in Leipzig wohnen würde, wäre ich öfter hier«, sagte er. »Ja, dann könnten wir eine WG gründen«, flachste ich. »Das klingt toll«, antwortete er, beugte sich zu mir und küsste mich. Das kam für mich überraschend, ich war komplett perplex. Was genau passierte hier gerade? Er küsste mich nochmal und nochmal in dem flackernden Straßenlicht der Haupt-Kneipen-Meile unter uns, doch ich konnte nur denken: »Wenn uns jemand sieht, dann bekomme ich Ärger. Ich darf niemanden küssen!«

»Lass uns reingehen«, bat ich ihn. Drinnen küsste er mich weiter und mein Verstand schaltete sich ein: »Ich muss kurz nachdenken, ob ich das hier will«, sagte ich zu ihm. Wollte ich mit ihm schlafen? Konnte ich das, ohne mich zu verraten? Was wollte ich eigentlich? Was tat mir gut? Ich fand keine Antworten und konnte in diesem Moment auch nicht klar denken. Aber ich war schon immer ein mutiger, neugieriger Mensch, der gern ausprobierte, wie sich die Dinge anfühlten, daher ließ ich mich kurzerhand auf das Abenteuer ein. Es war ein schönes Erlebnis – vor allem nachhaltig, weil ich mich dabei und hinterher weder schlecht noch schuldig fühlte. Ich spürte nicht die Pflicht, Buße zu tun oder etwas ähnliches. Ich fühlte mich frei. Frei, ich selbst zu sein. Frei, mich selbst zu fühlen und herauszufinden, was ich in diesem Leben tun wollte. Ich hatte den Reset-Knopf, mit dem alles auf Anfang gesetzt wurde, gefunden. Ich konnte nochmal neu entscheiden, welchen Weg ich nehmen wollte.

»So etwas habe ich selten erlebt«, murmelte Tom beim Abschied. Ich sagte nichts. Weil ich mich erst einmal sortieren wollte, weil ich nicht wusste, wie ich mit mir und meiner neu gewonnenen Freiheit umgehen wollte.

Monate später war Tom immer noch in meinem Leben. Immer, wenn er in der Stadt war, sahen wir uns, und wenn er nicht in der Stadt war, telefonierten wir. Es war freundschaftlich. Wir mochten uns. Ich überlegte, ob es mehr werden sollte, wusste nicht, ob ich so leben wollte. Ob es das war, was ich wirklich wollte. An einem lauen Frühlingsabend lag Tom neben mir.

Seine blonden Haare fielen ihm in die Augen. Er strich sie sich immer wieder aus dem Gesicht. Er grinste mich an und hielt mir sein halbvolles Weinglas entgegen. Wir stießen an und die Gläser klirrten dunkel. Es waren riesengroße, sehr breite Gläser, die den Eindruck erweckten, ich würde viel Wein trinken. Das Gegenteil war der Fall. Aber ich freute mich an der Inszenierung. Es wirkte weltoffen und parkettsicher. Mein Vater hatte mir schon als kleines Kind beigebracht, welchen Wein ich zu welchem Essen bestellen sollte, wie ich das Glas leicht schwenken und am Wein schnuppern musste, wenn mir eingegossen wird. Nur um dann etwas Kluges über den Geschmack von Wein zu sagen. Ich weiß, wie es geht, wenn man so wirken will, als würde man sich auskennen. In Wahrheit schmeckte mir aber nur ganz billiger, australischer Wein. Und den tranken wir gerade. Zwischen zerwühlten Decken und mit verschwitzter Haut. Tom merkte nicht, dass er billigen Wein trank oder es war ihm egal. Er sprach über seine Arbeit und ich hörte kaum zu. Er sprach über Schallzahnbürsten und deren Vertrieb. Es interessierte mich nicht. Aber ich mochte ihn. Ich mochte seine direkte Art, seine Ehrlichkeit und seinen Ehrgeiz. Er spielte mir nichts vor.

Und doch langweilte mich das Gespräch. Unser ganzes Beisammensein hatte etwas Egozentrisches. Wir waren kein Paar, sondern nutzten uns gegenseitig zum Vergnügen. Er berührte mich am Arm und nahm mir das Weinglas aus der Hand. Es war immer noch halbvoll, ich hatte nur daran genippt. Dann packte er mich an der Hüfte und zog mich auf sich. »Du siehst gut aus«, sagte er. Und ich freute mich über das Kompliment. Obwohl ich nur so abgemagert war, weil ich so viel Kummer hatte. *Ob es die Stimmung versaut, wenn ich das laut sage?* Ich ließ es lieber. Als er mich kurz darauf auf den Bauch drehte, war sein Mund dabei an meinem Ohr. Es war intim. Es fühlte sich so an, als sei es mehr als Sex und es war aufregend für mich, das herauszufinden. Ich fühlte mich frei. Ungebunden. Zum ersten Mal in meinem Leben konnte ich tun und lassen, was ich wollte. Und doch blieb der Nachgeschmack fahl. Wie schlechter Wein. Mein Herz und meine Seele blieben leer. Nach dem kurzen Rausch blieben Einsamkeit und Leere.

Ich war allein mit mir, wenn er ging. Und durfte ich das wirklich? Tun und lassen, was ich wollte? Was, wenn mir das gar nicht gut tat? Was, wenn ich in der Hölle landete, weil ich so viel Sünde auf mich geladen hatte? Klar, ich könnte Gott um Verzeihung bitten, aber was wäre, wenn ich sterben würde, bevor ich das tun konnte? Die Lebensgeschichte des Predigers auf der Pfingstkonferenz in Berlin, der in der Hölle gewesen war, hatte ich nicht vergessen. Was, wenn ich plötzlich sterben würde, zum Beispiel, weil Tom so schwer auf mir lag und mir die Luft wegblieb? Ich bewegte mich unter ihm leicht, damit er merkte, dass er mir wirklich zu schwer wurde. Er glitt von mir herunter und verschwand im Bad. Ich blieb regungslos liegen. Meine Gedanken rasten. Ich müsste mein Leben ändern, um nicht in der Hölle zu landen. Aber gibt es überhaupt eine Hölle? Und was, wenn ich mein Leben gar nicht ändern will? Liebt Gott mich dann trotzdem? Ist es nicht das Ziel, authentisch meinen Glauben leben zu können? Und warum hat überhaupt mein Sexleben so viel mit meinem Glauben zu tun? Ich will mir gar nicht vorstellen, dass ein allmächtiger Gott gerade auf meiner Bettkante sitzt und missbilligend den Kopf darüber schüttelt, wie ich meine Nächte verbringe.

Aber, wenn ich mich entscheide, mein Leben tatsächlich so leben zu wollen: Werde ich das überhaupt schaffen? Außerhalb der kleinen Kirchgemeindeblase, die ich kenne und die mir so vertraut ist? Ich kenne nur diese Welt. Was, wenn dieses Leben »hier draußen« hässlich und kalt ist und ich es niemals schaffen werde, darin zu überleben und mich darin zurechtzufinden? Was, wenn ich am Ende obdachlos irgendwo bei Freunden auf dem Sofa schlafen muss, weil ich keinen Beruf finde, in dem ich arbeiten kann? Ich hatte Angst. Ich war 26 Jahre alt und sollte doch eigentlich erwachsen sein. Aber ich fühle mich verloren und haltlos, verwirrt, allein und überfordert in dieser großen Welt.

Tom kam zurück aus dem Bad. Er grinste mich an und begann sich anzuziehen. Seltsamerweise fühlte es sich gar nicht fremd an mit ihm gemeinsam nackt sein. Diese Intimität mit ihm zu teilen, schien ganz natürlich. Ich betrachtete ihn, während er sich das Hemd zuknöpfte. Er kam aus gutem Elternhaus. Er war BWLer und hatte Geld. So benahm er sich auch. Die Welt lag ihm zu Füßen. Er war selbstbewusst und zielstrebig. Und er hatte keinerlei Zweifel daran, dass ich ebenfalls in diesem Leben bestehen, in diesem Leben meinen Platz finden würde. Das sagte er mir immer wieder und ich hoffte inständig, seine Worte würden wahr werden. Ich stand auf. Nackt wie ich war, zog er mich zu sich heran und küsste mich. Ich schaute ihm direkt in die blauen Augen. »Meinst du nicht, es könnte mehr aus uns werden?«, fragte ich. Ich scheute mich nicht, diese Frage zu stellen. Ich war nicht verliebt in ihn. Noch nicht. Er strich mir über den Rücken. »Erfahrungsgemäß wird aus solchen Geschichten, wie wir sie haben, nicht mehr.«

Er lächelte mich lieb an. Es war klar, dass er mir nicht wehtun wollte und er sehr gern mit mir zusammen war. Aber er war beschäftigt. Mit dem Abschluss seines Studiums, mit seiner Karriere, die nun starten sollte. Es war aber auch klar, dass ich mich entscheiden musste, wie es weitergehen würde für mich. Und ich wusste, nur für Sex benutzt werden, das wollte ich nicht. Nicht mehr. Wie verrückt sich das anhörte, denn noch vor wenigen Jahren wäre ich niemals auf den Gedanken gekommen, dass ich überhaupt so leben könnte. Aber es fühlte sich gut an, auch wenn ich viel Angst hatte. Ich konnte das Leben schmecken, und das war berauschend.

Tom verabschiedete sich. Ich war immer noch nackt. Er hatte seine warme Jacke an und drückte mich fest. Draußen war es kalt, obwohl es Frühling war und sich schon die ersten Knospen zeigten. Die Zeichen – äußerlich wie innerlich – standen auf Neuanfang. Der Winter war vorbei und das Jahr lag voller Hoffnung vor mir. Tom küsste mich und flüsterte: »Beim nächsten Mal könntest du bei mir übernachten.« Dann ging er und ich blieb zurück. Es war einsam. Und still. Ich ließ mich ins Bett fallen und zog die Decke über mich. Ein warmer Körper fehlte. Es wäre schön gewesen, wenn er bei mir übernachtet hätte. Aber das widersprach seinen Vorstellungen. Er blieb nur, wenn er in einer Beziehung war. Was er wollte und was nicht, hatte er also klar signalisiert. Ich wusste noch nicht, was ich wollte.

Für mich war alles neu. Ich hatte noch nie eine reine »Sexgeschichte« oder »Freundschaft mit Vorzügen« oder wie man es nennen mag, gehabt. Wie war ich hier gelandet und wie kam ich wieder raus? Wollte ich raus? Wo wollte ich hin? Ich seufzte tief und löschte das Licht.

◈ ◈ ◈

In der Bibel wird im Neuen Testament oft von Unzucht als *porneia* gesprochen. Mit jemandem zu schlafen und noch nicht geschieden zu sein, war definitiv das, was meine Herkunftsgemeinde unter Unzucht verstand. Im Alten Testament und im Buch der Offenbarung meint der Begriff *porneia* den Götzendienst Israels und Judas. In 1. Korinther 5 meint Paulus aber tatsächlich sexuelle Unzucht. Die obere Schicht der römischen Gesellschaft gab sich damals einem zwanglosen Geschlechtsverkehr hin. Keuschheit war eine vollkommen neue Tugend, die durch das Christentum in die heidnische Welt eingeführt wurde. Diese Aufgabe war ziemlich schwer, denn in der griechisch-römischen Welt war Unmoral in sexuellen Dingen Sitte und Brauch.

Paulus war es wichtig, dass Christen sich anders verhielten als der Rest der Welt und vor allem: nicht negativ auffielen. Er spricht sich gegen ausufernde Zügellosigkeit aus, aber drängt uns in seinen Texten nicht zur radikalen Körperentsagung. Ich vermute, dass, wenn seine Sätze nicht im geschichtlichen Kontext der damaligen griechisch-römischen Welt gelesen werden, eine große Angst unter Christen herrscht, sich zügellos zu verhalten und damit, aus Angst zu sündigen, sie sich lieber in eine radikale Entsagung flüchten.

Die Liebesheirat war bis ins 18. oder sogar 19. Jahrhundert eher eine Ausnahme. Auch zu biblischen Zeiten, in der Antike, kannte man das Konzept der romantischen Heirat aus Liebe nicht. Man wurde verheiratet und das meistens sehr jung. Maria, die Mutter Jesu, war eine Teenagerin als sie schwanger war. Die Sexualität zwischen Mann und Frau diente vorrangig der Zeugung von Nachwuchs. Ein beiderseitiges Vergnügen, wie wir es heute kennen, gehörte nicht unbedingt dazu, obwohl sich natürlich durchaus das Vergnügen und das Ausleben von

Zuneigung entwickeln konnte. Damals herrschte das Patriarchat. Männer nahmen eine führende Rolle ein, sowohl in der Gesellschaft als auch in der Familie. Sie lebten polygam. Wie das genau aussah, kann man auch heute noch sehen: Vor Kurzem erfuhr ich von einem christlichen Pastor aus Ghana, das dort die Polygamie auch in christlichen Gemeinden erlaubt ist und biblisch begründet wird. Nur die Pastoren müssen monogam leben.

Die Familien in der Antike hatten viele Kinder und wollten auch viele Kinder, denn sie galten als Lebensversicherung und Altersvorsorge. Gleichzeitig war die Kindersterblichkeit sehr hoch und Verhütung gab es so noch nicht. Heutzutage haben wir Sorge, dass jemand zu früh vom falschen Partner ein Kind bekommen könnte. Damals empfahlen Philosophen das Heiratsalter zwischen 16 Jahren für Frauen und Mitte 30 für Männer festzulegen. Auch deshalb so früh, damit Frauen ihre Jungfräulichkeit in der Ehe verlieren würden. Die Frau galt als Eigentum des Vaters beziehungsweise des Mannes. Würde die Jungfräulichkeit eines Mädchens beschädigt, so war es dem Vater nicht gelungen, sein Eigentum zu schützen. Das galt als Schande und Verletzung seiner Ehre. Daher versuchte man, knapp formuliert, diese Schande zu vermeiden, indem man Mädchen früh verheiratete. Zu vorehelichem Geschlechtsverkehr findet sich eine Aussage von Philo von Alexandrien im 1. Jahrhundert nach Christus, der diesen mit Prostitution gleichsetzte. Auch die Bibel missbilligt im Ersten Korintherbrief, Kapitel 6, vorehelichen Sex. Paulus schlägt stattdessen einen asketischen Ansatz vor, was allerdings zeigt, wie sehr er von seiner Zeit geprägt war. Liebesheiraten kannte er nicht. Für ihn war die Ehe ein Mittel, um sich vor Unzucht zu schützen.

Die heutige konservative Sexualethik[2] stellt fest: Sex ist gut, er darf genossen werden, aber nur innerhalb der Ehe, in einer heterosexuellen, monogamen Beziehung. Diese Position steht auf dem Hintergrund der romantischen Revolution des 18. Jahrhunderts. In dieser Zeit begann sich die Liebesheirat zu einem neuen Standard zu entwickeln. Dazu gehörte eine positive Einschätzung von Lust an sich und auch die Idee der Gleichwertigkeit von Mann und Frau in einer partnerschaftlichen Ehe. In den 1960er-Jahren erlebte die Gesellschaft eine sexuelle Revolution in der sich, knapp formuliert, die Sexualität vom Zweck der Fortpflanzung und von der Ehe löste. Durch Verhütungsmittel war dies möglich geworden. Diese Vorstellung der romantischen Liebe stellte zusammen mit der Entkoppelung von Fortpflanzung und Sex auch das patriarchale Konzept des Besitzes einer Frau in Frage.

Konservativ christliche Positionen nehmen die Vorstellungen der romantischen Revolution und der Liebesheirat zwar auf, stellen diese aber in den Kontext biblischer Vorstellungen, die von patriarchalen Konzepten geprägt sind. Sie versuchen beides zu vereinen, tun das aber um den Preis, einem alten Welt- und Gesellschaftsbild weiter anzuhängen. Für Menschen, die aus einem sexuell aktiven Leben kommen, dort auch viel Frustration und Verletzungen erlebt haben, ist das konservative Konzept mit Sicherheit etwas, was reizvoll und schön ist. Doch für Menschen wie mich, die darin groß geworden sind, sich niemals frei entscheiden konnten, sondern diese Lehre indoktriniert bekommen haben, fühlte es sich entmündigend an.

Ich wartete freiwillig mit dem Sex bis zur Ehe, wollte gehorsam sein vor Gott und ein Zeichen der Liebe zu meinem Ehemann setzen. Mir wurde gesagt, dass es meine Ehe stärken würde, wenn ich mich und meine Sexualität Gottes Willen unterwerfe. Ja, ich handelte freiwillig. Aber es stellt sich die Frage, wie weit her es mit der Freiwilligkeit ist, wenn man in einer Gemeinschaft mit diesem Mindset aufwächst. Es wäre schön gewesen, wenn ich eine selbstbestimmte Sexualität im eigenen Tempo hätte entdecken können und so vielleicht in eine Ehe hätte finden können, ohne befürchten zu müssen, aus der Gemeinschaft ausgeschlossen zu werden und alle Freunde zu verlieren, wenn der eigene Weg nicht dem entspricht, den die Gemeinschaft vorgesehen hat.

Für die Mehrheit freikirchlich-evangelikaler Christen ist Sex *das* Reizthema. Statt sich mehr damit auseinanderzusetzen, wie man Missgunst, Unbarmherzigkeit, Lügen und übler Nachrede begegnen und die Menschen zu größerer Herzenswärme ermutigen kann, debattiert man vor allem über Sex: Wer mit wem, wann und wie und ob überhaupt. Auf Sex wird viel zu viel Augenmerk gerichtet und er wird sowohl überhöht als auch völlig unterdrückt. Was fehlt ist eine entspannte Haltung zur schönsten Nebensache der Welt.

Ja, Sex gemeinsam zu erleben ist etwas Besonderes. Diesen Moment zu erleben, wenn zwei Seelen miteinander verschmelzen, sich einander hingeben und sich verletzbar machen. Wir öffnen uns einander, vertrauen uns, lassen uns fallen. Es ist wichtig, dieses wertzuschätzen. Es kann nicht darum gehen, mit unseren nackten Körpern hausieren zu gehen und uns an jeden oder jede zu verschenken, weil wir geliebt werden wollen oder meinen, unserem Ego etwas Gutes tun zu müssen. Dann verlieren wir vielleicht dieses Gefühl dafür, dass es etwas Wertvolles ist, Liebe zu schenken.

Ich bin aber überzeugt: Gott erlaubt oder verbietet nichts. Wir sind eigenverantwortlich und müssen prüfen, was unser

Handeln für Konsequenzen mit sich trägt. Jesus stand dafür ein, dass wir freie Menschen sind. Wir müssen uns nicht von religiösen Gesetzen, sondern von Liebe bestimmen lassen. Jesus steht für Liebe als Prinzip. Sie ist das oberste Gebot und seine zentrale Botschaft. Jesus stellte diese Liebe in das Zentrum christlichen Handelns. Nächstenliebe behandelt den Nächsten so, wie man selbst behandelt werden möchte. Man freut sich an der Wahrheit und nicht am Unrecht. Man bemüht sich darum, dass es dem Gegenüber gut geht. An dieser Liebe orientiert sich auch eine gesunde Sexualität.

Für pauschale Verbote sind wir als Menschen nicht geschaffen. Lust, Abenteuer, Leidenschaft, Kreativität sind zentrale und existenzielle Dinge, die in uns hineingelegt sind. Den Nächsten zu lieben wie sich selbst, das ist ohne Frage das, wonach Christen sich richten sollten. Es ging Jesus nie um Gesetzestreue, sondern darum, dass unser Handeln gute Früchte bringt. Der christliche Blogger Rolf Krüger schreibt dazu:

> »Mit der Liebe im Blick lassen sich alle Fragen, ob etwas am Ende gute oder schlechte Früchte trägt, nur noch im Einzelfall und damit nur mit den Betroffenen selbst beurteilen: Zwei Liebende ohne Trauschein. Oder mit dem gleichen Geschlecht. Oder ohne eindeutige Zuordnung desselben. Menschen ohne Beziehung zueinander. Oder mit Beziehungen. Oder mit sich selbst, inspiriert von Bildern der Lust oder von der eigenen unendlichen Fantasie. Die Fragen bleiben immer dieselben: Nach dem Respekt voreinander, der Freiheit aller direkt und indirekt Beteiligten, der Ehrlichkeit zueinander, der Barmherzigkeit gegenüber uns allen und uns selbst.«[3]

Diese Worte berühren mein Herz. Sexualität sollte frei sein von Verdammnis und Scham. Die Sexualität ist ein wunderbares Geschenk und darf genossen werden. Und wir dürfen aufhören, Menschen dafür zu verurteilen, dass sie ihre Liebe anders leben, als es die eigene Gottes- und Bibelerkenntnis zulässt.

Eine biblische Sexualethik schaut meiner Meinung nach danach, ob jemand in seiner Würde verletzt wird, ob jemand Schaden nimmt, etwas in Lüge oder Angst geschieht. Sex zu erleben, in dieser Eigenverantwortung zwischen zwei erwachsenen Menschen, die damit ihre Beziehung auf eine intimere Ebene heben wollen, die verantwortlich füreinander eintreten, ist nicht zu verurteilen.

Wir sind alle nicht ohne Fehler, immer abhängig von gegenseitiger Vergebung. Wir treffen Entscheidungen, die uns nicht guttun, versagen darin, unseren Mitmenschen liebevoll gegenüberzutreten oder scheitern daran, unserer Verantwortung ihnen gegenüber gerecht zu werden. Zu glauben, inständig zu hoffen, dass ich weiß, dass ich vor Gott Vergebung erbitten kann und dass ich mich vor meinen Mitmenschen entschuldigen darf, immer und immer wieder und auch darauf hoffen darf, dass mir vergeben wird, lässt Beziehungen reifen und miteinander in Authentizität und Ehrlichkeit gedeihen.

◈ ◈ ◈

Nach dieser Frühlingsnacht mit Tom, nachdem er gegangen war und ich allein zurückblieb, fasste ich den Entschluss, dass mir diese Art von Beziehung nicht guttut, dass mir Unverbindlichkeit nicht ausreicht, nicht das ist, wonach sich meine Seele sehnt und es nicht das ist, wofür ich geschaffen wurde. Ich hörte in dieser Zeit in Dauerschleife das Lied von Gungor:

»Dieser ganze Schmerz.
Ich frage mich, ob ich jemals meinen Weg finden werde.
Ich frage mich, ob sich mein Leben wirklich ändern kann.
Diese ganze Erde.
Könnte alles, was verloren ist, jemals gefunden werden?
Könnte auf diesem Boden überhaupt ein Garten entstehen?
Du machst schöne Dinge
Du machst schöne Dinge aus dem Staub …«
(frei übersetzt)[4]

Dieses Lied war mein Gebet, wenn ich keine Worte mehr hatte. Es war mein Sehnen, mein verzweifelter Wunsch. Konnte auf den Trümmern meiner Existenz etwas Neues entstehen? Wie konnte Gott einen Garten auf all dem wachsen lassen, was ich zerstört hatte? War das wirklich möglich?

In meinem tiefen Verlust, meinem tiefen Schmerz und meiner Zukunftsangst, hatte ich versucht, mich abzulenken mit Oberflächlichkeiten. Den Schmerz zu fühlen, davor fürchtete ich mich. Ich hatte Sorge, ihn nicht aushalten zu können. Doch das Aushalten des Schmerzes war die einzige Möglichkeit, um ihn auflösen und verarbeiten zu können. Unverbindlicher Sex, der zwar in Freundschaft stattfand, aber am Ende nur das eigene Ego streichelte, war nicht das, was mich in eine gesunde, zufriedene und tiefgründige Zukunft bringen würde. Nur die Akzeptanz des eigenen Scheiterns in meinem Leben, sich das eigene Versagen einzugestehen, den Menschen, die an mir schuldig geworden waren, zu vergeben und Frieden zu finden in meiner

Lebensgeschichte und meinem Glauben, würde mich wahrhaft freimachen und mir die vollständige Authentizität und Furchtlosigkeit geben, um für mich eintreten zu können.

»Kann die christliche Lebenswelt sich einen Ruck geben und Frauen lieben? So wie Jesus es getan hat?«

Veronika Schmidt

V. »Du musst dich unterordnen!«

In unserer Jugendgruppe in der Pfingstgemeinde gab es regelmäßig Jugendabende zum Thema Sex und Beziehungen. Wir taten so, als würden uns diese Abende nicht mehr interessieren als die anderen Themen, um ja cool und abgeklärt zu wirken. In Wahrheit fieberten wir ihnen entgegen. Es war *das Thema* für uns Jugendliche.

An diesen Abenden sprachen immer wieder auch Ehepaare über ihre persönlichen Erfahrungen und gaben Beziehungstipps. Meistens ging es darum, wie sie es geschafft hatten, keinen Sex vor der Hochzeit zu haben und natürlich wurden uns immer heterosexuelle, monogame und glückliche Beziehungen vorgestellt.

An einem der Abende sprach ein Ehepaar allerdings nicht über Sex, sondern über die Rollenverteilung innerhalb der Ehe. Dieser Abend entrüstete und bewegte mich nachhaltig. Sehr oft musste ich später über das, was ich hier erfuhr, nachdenken. Ich mochte beide sehr gern und war als 17-Jährige dennoch, oder vielleicht auch weil ich sie gerne mochte, sehr erschrocken über ihre konservative Haltung. »Ich fühle mich als Frau verantwortlich dafür, mich um den Haushalt und die Kinder zu kümmern«, erklärte sie. »Der Mann ist das Haupt der Familie. Er ist zuständig dafür, die Frau und seine Kinder geistlich zu führen«, konstatierte er.

Ich saß auf meinem Stuhl und spürte Unruhe und Neugier zugleich. Die beiden belegten ihre Haltung mit Bibelstellen. Die Unterordnung der Frau unter den Mann schien also ein biblisches Gesetz.

Ich war sicher: Niemals sollte das mein Leben sein. Ich konnte verstehen, dass jemand den Wunsch verspürte, sich für die eigenen Kinder und das eigene Zuhause einzusetzen. Aber ich wusste: Das allein konnte nicht mein Leben sein. Ich wünschte mir Gleichberechtigung, Partnerschaft auf Augenhöhe und ich wusste auch: Ich wollte studieren und mit dem im Studium erworbenen Wissen und Können auch etwas anfangen, arbeiten, meine Gaben in dieser Welt zum Einsatz bringen.

◈ ◈ ◈

Als ich mich mit 18 Jahren entschlossen hatte, Pastorin zu werden und das auch sagte, bekam ich von Bekannten und von mir z.T. auch ganz fremden Mitgliedern der Gemeinde Rückmeldungen, die mich verstörten. Predigen sei mir als Frau verboten und Männer sollten mir nicht unterstellt sein. Ich wunderte mich: Ich hatte doch eine göttliche Berufung bekommen? Wie passten diese Rückmeldungen dazu? Wieso durften mir Männer den Mund verbieten, wenn Gott mir gesagt hatte, ich solle sprechen? Was gab ihnen das Recht, mich als Frau wegen meines Frauseins herabzusetzen?

Glücklicherweise fielen mir in dieser Zeit einige Bücher in die Hand, die genau die Bibelstellen, auf die sich das Ehepaar aus der Jugendgruppe und meine Kritiker beriefen, besser erklärten.

Ich bekam meinen ersten theologischen Kurs in Bibelauslegung und begann, die Bibel nicht nur zu lesen, sondern ihre Sätze auch in ihren geschichtlichen Kontexten zu verstehen. Das ist eine theologische Wissenschaft und eines der spannendsten Dinge, die ich in den folgenden Jahren mit viel Leidenschaft verfolgte.

Ein Grundstein für diese Weise die Bibel zu verstehen wurde schon in der Kinderfreizeit in der sektenähnlichen Gemeinschaft Kwasizabantu gelegt, an der ich als 13-Jährige mit meiner besten Freundin teilnahm und von der ich schon am Anfang des Buches erzählt habe. Nach einer Woche reisten damals meine Eltern an, um in der zweiten Woche an einer Familienfreizeit mit teilzunehmen. Beim ersten Gottesdienst saß ich neben meiner Mutter und sie flüsterte mir zu: »Priska, wieso haben die Frauen alle einen Pferdeschwanz und tragen diese Röcke?« Ich flüsterte zurück: »Mama, ich weiß es nicht, das ist hier so. Die glauben, wir wären keine Christen, weil ich Hosen und Wimperntusche trage!« Kurze Zeit später flüsterte meine Mutter meinem Vater zu: »Schau mal, die Familien haben alle ganz viele Kinder und nur die Mütter sind für sie verantwortlich! Schau mal, die Männer sitzen stocksteif daneben!« Sie schüttelte den Kopf und ich beobachtete die Paare und sah, dass sie Recht hatte. Die Männer saßen tatsächlich kerzengerade mit gefalteten Händen neben ihren Familien und die Frauen mussten allein meist mehrere Kinder im Kindergartenalter bändigen. Wir gingen nie wieder zu einem dieser Gottesdienste und das hatte wohl auch damit zu tun, dass mein Vater sich sehr gut in der Bibel und mit ihrer Auslegung auskannte.

Er predigte neben seiner eigentlichen Berufstätigkeit leidenschaftlich gern. Sogar in den Urlaub schleppte er Bibelkommentare mit, um zu recherchieren und um sich weiterzubilden. In unserer Ferienwohnung schlugen wir zusammen die bei der Veranstaltung zitierten Bibelverse nach, zum Beispiel 1. Petrus 3: »ebenso, dass auch (die) Frauen sich in anständiger Haltung mit Schamhaftigkeit und Sittsamkeit schmücken, nicht mit Haarflechten und Gold oder Perlen oder kostbarer Kleidung« stand da. Wir lasen gemeinsam in welchem Kontext dieser Vers stand, warum er geschrieben wurde und was er zur Zeit seiner Niederschrift hatte sagen wollen. Wir fanden heraus, dass der Anlass für den Petrusbrief schwere Anfeindungen und Verfolgungen waren, denen sich Christen in Kleinasien in der zweiten Hälfte des ersten Jahrhunderts ausgesetzt gesehen hatten. 64 n. Chr. hatte Rom gebrannt und Kaiser Nero hatte die Christen für die Katastrophe verantwortlich gemacht. Der Autor des Briefes, bei dem es sich sicher nicht um Paulus handelt, sondern um einen Christen, der sich auf Paulus beruft, um seinen Worten in den Gemeinden Kleinasiens mehr Gewicht zu geben, versucht, seinen Glaubensschwestern und Glaubensbrüdern Verhaltensregeln zu empfehlen. Sie sollen zurückhaltend sein, nicht auffallen. Vor allem sollen sie keinen Reichtum zur Schau stellen. In Zeiten, in denen man als Christ oder Christin Freiwild und nicht sicher sein kann, unter dem Schutz des Rechts zu stehen, kann das tödlich sein!

Das ist es auch, worauf sich 1. Timotheus 2,9 bezieht: »ebenso, dass auch die Frauen sich in anständiger Haltung mit Schamhaftigkeit und Sittsamkeit schmücken, nicht mit Haarflechten und Gold oder Perlen oder kostbarer Kleidung.«

In 1. Timotheus 2,12 heißt es dann: »Einer Frau gestatte ich nicht, dass sie lehre, auch nicht über den Mann zu herrschen, sondern (ich will), dass sie sich in der Stille hält.« Auch mit dieser Stelle wurde mir begründet, dass eine Frau keine Pastorin sein dürfe. Aber kann man den Text wirklich nur so deuten?

Dieser Brief ist an Timotheus in Ephesus adressiert, der als der dortige Gemeindeleiter vorgestellt wird. Als Autor wird Paulus angegeben. Aber das ist nur eine Zuschreibung, denn die in den Timotheusbriefen erschließbaren historischen Daten und religionsgeschichtlichen Hintergründe lassen sich schwerlich mit der Chronologie, die den echten Paulusbriefen und der Apostelgeschichte im Hinblick auf die Lebensgeschichte des Apostels entnommen werden kann, vereinbaren. Der 1. Timotheusbrief ist vermutlich in der ersten Hälfte des zweiten Jahrhunderts verfasst, zu einer Zeit also, in der Paulus sicher nicht mehr lebte. Der Brief will in einer Situation, in der es in den christlichen Gemeinden große Unsicherheit über die richtige Lehre und die richtige Struktur der Gemeinden gibt, Orientierung geben und sozusagen »Ordnung schaffen« – und zwar sowohl in theologischer Hinsicht als auch im Hinblick auf die Gemeindeorganisation. Für Letztere greift der Brief auf Vorstellungen der antiken Haushaltsökonomie zurück, also auf Vorstellungen davon, wie ein Haushalt in der Antike zu organisieren war. Hier war klar: Der Mann steht in der Öffentlichkeit, die Frau ist zu Hause und hat in der Öffentlichkeit weniger Rechte zu sprechen oder gar den Mann zu belehren. Es ist darum klar: Hier halten antike gesellschaftliche Konventionen Einzug in die Art und Weise, wie sich die Gemeinden der Gläubigen im zweiten Jahrhundert organisieren. Aber: Ist nur das christlich? Will Gott das so? Ist das am Anfang der Bewegung um Jesus auch so?

Das kann man durchaus in Frage stellen. Denn folgten Jesus nicht auch Frauen? Waren Sie es nicht, die als erste seine Auferstehung verkündeten? Und grüßt Paulus im Römerbrief nicht ausdrücklich die Apostelin Junia (Römer 16,7). Was aber ist eine Apostelin anderes als eine Lehrende und Verkündende?

Es mag sein, dass der Verfasser des Timotheusbriefes das 80 Jahre später anders sieht. Aber es ist grundsätzlich wichtig, die Gesamtheit der Botschaft der Bibel im Blick zu behalten und nicht einzelne Texte oder Verse herauszupicken, um das eine oder andere, von dem wir heute gerne möchten, dass es gültig ist, zu begründen. Nach evangelischem Verständnis gibt es keinen geistlichen Unterschied zwischen Mann und Frau und der Protestantismus betont das »Priestertum aller Gläubigen«, also auch der Frauen. Paulus und Junia hätte das sicher gefallen.

In dem Gemeindebund, zu dem ich damals gehörte, war es grundsätzlich üblich, Frauen zu ordinieren, sie Pastorinnen werden zu lassen. Aber nicht alle in diesem Bund organisierten Gemeinden folgten dieser Haltung. In manchen war die Auffassung stark vertreten, dass die Frau sich unterzuordnen habe, und daher zwar predigen könne, aber keine Pastorin sein dürfte. Für mich jedoch war es keine Option, nicht die gleiche Ausbildungsmöglichkeit zu bekommen, wie ein Mann. Ich wollte danach beurteilt werden, ob ich das Studium und die Ausbildung schaffte, ob ich gut in meinem Beruf war, und nicht nach meinem Geschlecht.

Die Rolle, die mir die Glaubensgemeinschaft als Frau zuschrieb und die ich, überspitzt gesagt, erfüllen sollte, war die Rolle einer Hausfrau, einer Helferin des Mannes, einer Mutter, freundlich, dienend, demütig, unterwürfig, anständig, heterosexuell und natürlich voller Selbstbeherrschung. Männer sollten die Hauptverdiener sein, das Oberhaupt der Familie, stark, leitend, männlich, Beschützer, diejenigen, die die Entscheidungen treffen und natürlich auch heterosexuell sind. Wer diesem Bild nicht entsprach, versteckte sich, entwickelte Selbstzweifel, war gezwungen, Teile seiner selbst zu verachten und als sündig zu verstehen, verlor das Vertrauen in sich selbst. Heute bin ich froh, mich dem Fremdbild von mir als Frau nicht mehr beugen zu müssen.

◈ ◈ ◈

Als ich 18 Jahre alt war, brachte ich im Verlauf eines Jahres zwei Jungs in meinem Alter mit in die Gemeinde, die mich besuchten und an denen ich ein gewisses romantisches Interesse hatte. Sie besuchten gemeinsam mit mir den Ort, an dem ich damals die meiste Zeit verbrachte und der mir so ungemein wichtig war: meine Gemeinde. Ich war unbekümmert bis zu einem Sonntag, an dem der Freund meines Cousins zu mir kam, und – nachdem ich mit dem zweiten Jungen aufgetaucht war – schmunzelnd meinte: »Also Priska, du hast ja echt viele Männer. Da musst du aufpassen. Das ist schon fast wie eine *Schl****.*« Ich ließ mir nichts anmerken, zuckte innerlich aber zusammen. Das waren schon zu viele Männer? Ich war so brav und anständig gewesen, war so bemüht, alles richtig zu machen und lebte vollkommen enthaltsam. Und ein paar Jungs nur zu kennen, war schon zu viel?

In dem Sommer, als ich gerade auf der Bibelschule angefangen hatte, lernte ich einen jungen Mann, nennen wir ihn einmal Jonas, kennen, der aus der Bad Liebenzeller Mission kam. Ich fuhr zu ihm nach Mannheim und schon als ich am Bahnsteig ankam, wusste ich, dass auf jeden Fall nicht mehr aus uns werden würde. Aber ich war jung, war neugierig und vor allem nicht selbstbewusst genug, um direkt wieder in den Zug zu steigen. Jonas und ich verbrachten den Freitagabend auf einem im Umkreis sehr bekannten Weinfest. Auf den Dörfern wird bei Volksfesten gern auf den Tischen getanzt, ich kannte das aus der sächsischen Großstadt nicht. Ich kannte auch die Volkslieder nicht und bei manchem Text zuckte ich aufgrund meiner sehr puritanischen Erziehung erschrocken zusammen. Jonas küsste mich mitten im Zelt und später in den Weinbergen. Das hätte Spaß machen können, aber ich hatte nur ein furchtbar schlechtes Gewissen. Es war mir eingebläut worden, auf keinen Fall mit einem anderen Mann Zärtlichkeiten auszutauschen als mit demjenigen, den ich heiraten wollte. Ich wollte Jonas aber nicht heiraten!

Abends musste ich in seinem Elternhaus im Gästezimmer schlafen, während er im Kinderzimmer lag. Zwischen den beiden Zimmern lag das Schlafzimmer seiner Eltern. Ich schlich mich zu ihm rüber, wollte noch mit ihm reden, aber er schickte mich direkt aus dem Raum und gab mir zu verstehen, dass ich leise sein solle. Auch für seine Eltern war die höchste Priorität, die Kinder zur Enthaltsamkeit zu erziehen. Am nächsten Morgen traf ich sie beim Frühstück. Noch mit vom Duschen nassen Haaren setzte ich mich an den Tisch und musste sofort eine theologische Diskussion führen. Denn der Papa hielt überhaupt nicht viel von den Pfingstlern. Meine Bibelschule, mein theologisches Seminar, war auch noch in Trägerschaft der Church of God, also in Trägerschaft einer der Ursprungsgemeinden der Pfingstbewegung. Ich fühlte mich unwohl, weil ich mich verteidigen musste. Einerseits. Doch andererseits stand ich auch gern Rede und Antwort, denn ich liebte die Pfingstgemeinde, mochten manche theologischen Ansätzen auch sonderbar und fehlerhaft erscheinen.

Wir verbrachten den Tag in einem Hallenbad und besuchten abends ein weiteres Volksfest, wo ich auch Freunde von Jonas kennenlernte. Wir knutschten herum, und ich versuchte es zu genießen, wo ich schon mal da war. Am nächsten Morgen fuhren wir zur Bad Liebenzeller Mission, um einen Gottesdienst zu besuchen. Der Kulturschock hätte für mich als Pfingstlerin nicht größer sein können. Die Stille schien übermächtig. Ich kannte nur laute, schnelle, mit Musik untermalte Gottesdienste und schreiende Prediger. Ich dachte, hier sei jemand, der eigentlich hätte sprechen sollen, eingeschlafen. Ich konnte damit überhaupt nicht umgehen, versuchte aber respektvoll und aufmerksam dem Gottesdienst zu folgen.

Jonas hatte angeboten, mich später mit dem Auto zurück zu meinem Seminar zu bringen. Das fand ich nett und unterwegs stellte ich ihm viele Fragen zu seiner Gemeinde. Auf dem Parkplatz vor der Bibelschule angekommen, wollte er mich zum Abschied küssen, doch ich wehrte ihn ab. Die Bibelschule hatte überall Augen; Mitstudenten schauten neugierig aus den Fenstern. Würde ich ihn küssen, würden alle denken, ich würde ihn heiraten wollen. Und wenn dann herauskäme, dass ich das auf gar keinen Fall wollte, wäre ich in den Augen der anderen eine verdorbene, sündige Frau. Also genau das, als was ich mich jetzt schon fühlte.

Ich stolperte in die Bibelschule, den Flur entlang und direkt in ein »Prayer Meeting«, ein Gebetstreffen. Sofort legte ich mich auf meinen Bauch, streckte mich weit aus und weinte. Ich flehte Gott an, mir zu vergeben. Ich bat ihn, mich nicht in die Hölle zu stecken für meine Sünde, jemanden geküsst zu haben, den ich nicht heiraten wollte. Ich fühlte mich schmutzig und ekelte mich vor mir selbst. *War ich vielleicht wirklich eine Schl****?* Erst nach etwa einer halben Stunde fühlte ich mich ruhiger. Wenn ich gekonnt hätte, hätte ich mich gern, wie einer der mittelalterlichen Mönche, selbst gegeißelt.

◈ ◈ ◈

Nur einige Wochen später fand in Reutlingen die regelmäßig veranstaltete »Christian Disco« in einem großen Club auf mehreren Floors statt. In dieser Nacht wurde dort nur christliche Musik gespielt, zu der alle tanzten. Um Mitternacht gab es eine kurze Predigt. Christen aus ganz Baden-Württemberg kamen dorthin und auch die Leute aus der Bibelschule, denn ein guter Freund von mir sollte an diesem Abend predigen. Auch Jonas kam mit seinen Freunden. Wir sahen uns, begrüßten uns und er wollte mit mir tanzen. Wir kannten uns ja und daher kam er mir auf der Tanzfläche sehr nah. Ich war hin- und hergerissen. Einerseits gefiel mir das. Aber meine Bibelschule guckte zu. Ich brach nach einem Tanz ab und es kam, wie ich es schon geahnt hatte. Freunde kamen direkt aufgeregt zu mir: »Wer war das?«, »Heiratest du den?«, »Soll ich den verprügeln?« Ich war eingeschüchtert und ignorierte Jonas für dem Rest des Abends, versteckte mich sogar auf der Toilette, um ihm nicht mehr zu begegnen. Und das alles nur, weil ich den Menschen auf der Bibelschule keinen Anlass geben wollte, mich zu verurteilen. Ich hatte keine Kraft, keine Worte, um für mich selbst einzutreten. Das System hatte mich Gehorsam gelehrt. Zurückhaltung. Meine Flügel waren gestutzt, ich war unsicher, schüchtern und ließ andere über mein Leben bestimmen.

◈ ◈ ◈

Über viele Jahr meines Lebens hinweg war ich ein so genannter *people pleaser*, jemand, der versucht, es allen recht zu machen. Ich musste lernen, dass ich mich der Vorstellung, die Menschen von mir haben, nicht beugen muss. Ich muss niemandem gefallen, außer mir selbst und denen, denen ich wirklich nahe sein möchte: meinen Kindern, meinem Mann. Aber selbst im Verhältnis zu ihnen treffe ich die Entscheidung darüber, wie ich leben will, selbst. Dabei hoffe und wünsche ich mir, das zu tun, was Gott von mir erwartet. Dies zu erkennen ist aber eine Sache zwischen ihm und mir. Es ist nicht Aufgabe von anderen, mir zu sagen, was Gottes Wille für mich ist.

Dabei glaube ich inzwischen, dass Jesus heute Feminist wäre. Ich denke, dass er für mich eingetreten wäre, mir den Mut gegeben hätte, für mich einzutreten und mich nicht benutzen oder auch nur beurteilen zu lassen. Er war und wäre auch heute jemand, der für Gleichberechtigung kämpft. Es geht beim Feminismus nicht um Männerhass. Es geht darum, Frauen Wahl- und Entscheidungsfreiheit zu ermöglichen, Frauen das Leben zu verbessern.

Feminismus richtet sich nicht gegen den Mann, sondern setzt sich dafür ein, dass Frauen dieselben Möglichkeiten wie Männer bekommen, im Privaten wie auch im Berufsleben. Lange Zeit zählte in der Gesellschaft – und noch länger in der religiösen Welt – die Stimme der Frau kaum. Aber Frauen sind nun selbstbewusster geworden, setzen sich für sich ein.

Jesu Ziel, wie ich es heute verstehe, war die Erlösung der Menschheit. Eine Erlösung, die ganz konkret ist und nicht erst am Ende der Zeiten kommt. Eine Erlösung, die arme Kinder davor bewahrt, nach seltenen Erden graben zu müssen, die Frauen frei davon macht, unter schrecklichsten Bedingungen Kleider zu nähen, eine Erlösung, die in eine gerechte, befreite und behütete Welt führt. Sie wird dort Wirklichkeit, wo Menschen ihre Angst verlieren, weil sie wie Jesus ganz auf Gott vertrauen. Der Autor Tilmann

Haberer beschreibt das so: »Wer sich Gott anvertraut, wird erlöst von der Sorge um sich selbst. Er wird erlöst von dem Zwang, sich ständig abzusichern und seinem Leben selbst einen Sinn geben zu müssen. Er wird erlöst von dem Kreisen um sich selbst, der Angst, zu kurz zu kommen oder das Leben zu verfehlen.«[1]

Diese Erlösung gibt es nicht, wenn die Frauen nicht die gleiche Wertschätzung erfahren, wie Männer sie für sich in Anspruch nehmen. »... solange der Frau ihr Platz in der ursprünglichen Schöpfungsordnung nicht zugestanden wird, so lange werden wir auch keine Durchbrüche erleben und Freiheit und Gerechtigkeit erlangen in den Themen, die uns Christen und die ganze Welt in unglücklicher Weise beherrschen: Macht, Geld, Sex.« – schreibt die Therapeutin Veronika Schmidt.[2] Die gleichberechtigte Einheit von Mann und Frau ist der Schlüssel. Eine Ungleichstellung der Frau dagegen ist Sexismus, der religiös nicht gerechtfertigt werden kann.

Auch nicht mit Epheser 5,21-25. Diese Verse werden gern verwendet, um zu «beweisen«, dass Frauen sich dem Mann unterordnen müssen, dieser also die Macht über sie hat:

> »Ordnet euch einander unter in der Furcht Christi, die Frauen den eigenen Männern als dem Herrn! Denn der Mann ist das Haupt der Frau, wie auch der Christus das Haupt der Gemeinde ist als der Retter des Leibes. Wie aber die Gemeinde sich dem Christus unterordnet, so auch die Frauen den Männern in allem. Ihr Männer, liebt eure Frauen, wie auch der Christus die Gemeinde geliebt und sich selbst für sie hingegeben hat.«

Paulus stellt das »einander« unterordnen hier in den Raum des Gottesverhältnisses, das Männer und Frauen teilen. Er vergleicht die Ehe als Bündnis mit dem Bund, den Gott mit den Menschen eingegangen ist. Hier geht es nicht darum, dass die Bedürfnisse des Mannes an erster Stelle stehen und die Frau diese zu erfüllen hat. Beschrieben wird ein Verhältnis auf Gegenseitigkeit in der gemeinsamen Ausrichtung auf Gott. Darum ist der Vers für antike Verhältnisse sogar brisant, denn er fordert ein, dass der Mann die Frau liebt, wie Christus die Gemeinde liebt! Dass er für sie quasi blutend am Kreuz sterben würde!

Diese klare Meinung wiederholt Paulus noch einmal in Epheser 5,25 dar: »Ihr Männer, liebt eure Frauen, wie auch der Christus die Gemeinde geliebt und sich selbst für sie hingegeben hat!«

Es wäre schön, wenn Frauen beginnen würden, ihren Platz in Kirche und Gemeinde einzufordern und einzunehmen, und mit all ihrem Sein, ihrer wunderschönen Weiblichkeit auszufüllen und zu beleben. Und wenn es noch mehr Männer gäbe, die den Frauen tatkräftig zur Seite stünden. Wir brauchen beide Geschlechter, in partnerschaftlicher Ergänzung auf Augenhöhe. Auch in der Kirche.

Hätte ich all das früher schon gewusst, hätte ich selbstbewusster zu mir und meinem Handeln stehen können. Ich hätte nicht beschämt auf dem Boden liegen müssen, sondern wäre mit mir im Reinen gewesen. Ich hätte mit jemandem tanzen können und zu meinen männlichen Kommilitonen sagen können, dass ich diesen Mann kenne und ihn nicht heiraten werde, sondern es einfach nur sehr schön fand, mit ihm zu tanzen. Ich hätte viel besser und klarer Grenzen ziehen können, viel stärker bei mir sein und liebevoller zu mir sein können. Menschen in falsche Rollenbilder zu drängen, fördert Sexismus, und ich bin dankbar, dass ich das für mich erkennen konnte.

Unterordnung ist ein Begriff, der nicht nur im Verhältnis der Geschlechter zueinander eine Rolle spielt. Mir stellte sich auch die Frage, ob ich mich weiterhin einer bestimmten Weise, die Bibel auszulegen, unterordnen will, oder ob ich mich weiterhin der Meinung anderer Menschen unterordnen möchte, auch wenn ich diese Meinung gar nicht teile. Vielleicht muss ich aufhören, mich den Vorstellungen anderer unterzuordnen, sondern meinen eigenen Glauben wertschätzen und lieben.

2013, als meine zweite Tochter gerade geboren war, sehnte ich mich manchmal nach einem pfingstlich-evangelikalen Gottesdienst. Darum fuhr ich gemeinsam mit Freunden und meinen Töchtern zu einer pfingstlich-charismatischen Bibelschule, die im Sommer auch Freizeiten anboten. Mehrere tausend Menschen waren da. Ich genoss diese Glaubensgemeinschaft, auch wenn ich mich nicht richtig heimisch fühlte – eher wie eine Außenstehende, wie ein Gast, der nicht ganz dazugehört. Die Form des Gottesdienstes war nicht mehr die meine. Ekstatische, überschäumende Emotionen mochte ich nicht mehr, sie waren mir eher unheimlich. Ich blieb oft hinten, war oft still und lief mit meiner Tochter in der Babytrage herum.

An einem Abend sprach der Prediger darüber, dass wir uns im Himmel Stellungen verdienen könnten. Wenn wir im Heute auf der Erde besonders gute Dinge für den Herrn täten, ein besonders heiliges Leben führen würden, könnten wir vielleicht später im ewigen Paradies ein König sein und über andere herrschen!

Ich dachte: Keiner, der gute Dinge mit einer solch berechnenden Einstellung tut, hat eine wirklich uneigennützige Intention.

Der Prediger warf wild mit Bibelstellen um sich, beachtete weder den Hintergrund der Stellen noch den Kontext der Texte, geschweige denn den Urtext oder die Lesart der Originalquellen. Und er sprach weiter über die verschiedenen Hierarchien und Stufen im Himmel und über eine besondere Belohnung, die Jesus für die Eifrigsten von uns parat hat. Das war das absolut Verrückteste, was ich jemals in meinem Leben gehört hatte! Das Publikum rief »Amen« und »Halleluja« und ich musste mir auf die Zunge beißen, um nicht laut »Häresie« zu rufen. Vielleicht könnte man den Text aus 1. Korinther 4 so verstehen? Aber nein. Bloß weil ein älterer, sicherlich erfahrener Prediger dort vorn etwas sagte, musste ich mich seinen Worten nicht unterordnen, geschweige denn seiner kruden Weise der Bibelauslegung.

◈ ◈ ◈

Hier scheint es mir angebracht, zu umreißen, wie in vielen pfingstlichen Gemeinden die Bibel ausgelegt wird. Ich beziehe mich dabei auf eine Veröffentlichung von Timothy B. Cargal aus dem Handbuch für pfingstliche und charismatische Theologie, das ein ehemaliger Jugendleiter aus meiner ehemaligen Pfingstgemeinde mit herausgegeben hat. In pfingstlichen Predigten wird vor allem die tiefere Bedeutung des Textes betont. Man sucht den göttlichen Inhalt, eine Erleuchtung durch den Heiligen Geist, der etwas offenbart, was man vorher in den Versen noch nicht gesehen hat. Diese durch den Heiligen Geist erleuchteten Botschaften haben besonderes Gewicht, da sie – wie man meint – von Gott bestätigt sind.[3]

In dieser Auffassung liegt natürlich die Gefahr des Missbrauchs.[4] Denn es besteht die Möglichkeit, dass man seinen eigenen Geist mit dem Geist Gottes verwechselt. Und weil dem Auslegenden göttliche Leitung zugesprochen wird, wird seine Auslegung auch nicht in Frage gestellt. Gleichzeitig geht man jedoch davon aus, dass es nur eine mögliche Auslegung der Bibel gibt, weil Gott als Verkörperung der Wahrheit die Schrift auslegt. Viele Pfingstler behaupten, dass die biblischen Autoren von Gott inspiriert waren, als sie die Texte geschrieben haben. Sie sind demnach unfehlbar und die heutigen Ausleger der Texte brauchen die Erleuchtung des Heiligen Geistes, um sie wahrhaft verstehen zu können. »Wenn man den Heiligen Geist in derselben apostolischen Erfahrung mit derselben sie begleitenden charismatischen Phänomenologie begegnet, dann ist man in einer besseren Lage, um das apostolische Zeugnis in einer wirklich existenziellen Weise zu erfassen«, schreibt Timothy B. Cargal.[5]

Die Pfingstbewegung war dadurch von Anfang an durch eine Art Anti-Intellektualismus gekennzeichnet, der bis heute anhält. Es ist nicht notwendig, einen Hochschulabschluss in Theologie zu haben, um predigen zu dürfen. Einige suchen zwar nach einer höheren Bildung und machen dann Abschlüsse an evangelikalen Colleges. Viele der Pastoren pflegen dennoch eine fundamentalistische Bibelauslegung.

»Die Bibel ernst zu nehmen ist nicht dasselbe wie die Bibel wörtlich zu nehmen«, schreibt dagegen Pastor Martin Benz.[6] Bibeltreu zu sein bedeutet auch nicht, alle Verse der Bibel wörtlich zu nehmen, stattdessen gehe es eher um eine selektive Bibeltreue. Mir wurde vorgeworfen, ich würde Björn, meinen neuen Mann, zur Sünde führen, weil er eine geschiedene Frau heiratet. Das ist laut Bibel verboten. Doch nur einige Verse weiter vorn steht auch in der Bibel, wir sollen unser rechtes Auge herausreißen, wenn es uns zur Sünde verführt. Genauso die rechte Hand abhacken, wenn sie uns zur Sünde verführt.[7] Würde diese Anweisung in evangelikalen Gemeinden genau so ernst genommen werden, müssten dort viel mehr Einäugige und Menschen ohne rechte Hand zu finden sein, vermute ich.

Es ist keine Seltenheit, dass Verse aus der Bibel herangezogen werden, die für unseren Glauben Relevanz haben, dass wir andere aber ignorieren. Das ist eine Folge der Kultur und der geistlichen Tradition, in der wir aufwachsen.

Die Bibel ist voll mit Texten, die aus einer anderen Kultur und einer anderen Zeit stammen. Zu jedem Bibelvers gibt es eine ganze Bibliothek an Erklärungen und endlos viele Übersetzungen aus dem Aramäischen, dem Hebräischen, dem Griechischen und dem Lateinischen. Zu den anerkannten Bibelübersetzungen wie der Septuaginta oder der Vulgata kommen die Apokryphen und jede Menge anderer christliche Literatur, die es in keinen Kanon geschafft hat. Geografische Besonderheiten, kulturelle Denkweisen, sprachliche Besonderheiten und eine Vielzahl einmaliger historischer Fakten prägen die Texte, die oft eher poetische Absichten verfolgen als der Übermittlung von Fakten zu dienen. Und vielleicht kommt gerade in diesem Bemühen der Autoren, ihre Erfahrungen mit Gott ins Wort zu bringen, Gott zur Sprache? In diesem Sinne ist für mich die Bibel voll mit göttlichen Wahrheiten, aber sie ist eben auch ein Buch, das für Menschen von Menschen in einer vorwissenschaftlichen Zeit geschrieben wurde.

Die Schriftauslegung ist seit Jahrhunderten immer im Wandel. Die Kirchenväter haben die Bibel anders verstanden als die Menschen im Mittelalter, als die Reformatoren oder als wir heute. Der hermeneutische Zugang war immer ein anderer. Inzwischen wird die Bibel vor allem historisch-kritisch ausgelegt, intellektuell verstanden. Ob das der Bibel gerecht wird, kann immer wieder diskutiert werden, aber vor allem steht die Debatte in der Abgrenzung zum Fundamentalismus.[8] Ich finde es paradox, dass viele Stellen im fundamentalistischen Verständnis »wörtlich« interpretiert, andere aber ignoriert werden, mit dem Hinweis, dass diese nicht zeitgeschichtlich relevant seien.

Die größte Frömmigkeitsbewegung nach dem Protestantismus ist der Pietismus, der im 17. und 18. Jahrhundert parallel zur Aufklärung und seiner Bibelkritik entstanden ist. Sehr pauschal formuliert verstanden sich Pietisten als Kinder Gottes und betonten die individuelle Seite des Glaubens. Dieser wurde durch Meditation und Gebet in den Mittelpunkt gerückt. Die Gründer der pietistischen Bewegung gaben den Kampf um die irrtumslose Wahrheit der Bibel auf. Sie gaben zu, dass die Bibel nach historischen und auch sprachlichen Maßstäben nicht fehlerlos ist, aber sie glauben, dass Gott sie genauso, in ihrer Menschlichkeit erwählt und gebraucht. Bis heute. Die historische Forschung der Bibel ist notwendig. Trotzdem bleibt sie als Heilige Schrift Grundlage des Glaubens.

Ich habe eine große Liebe zur klassischen Pfingstbewegung und zur persönlichen Erfahrbarkeit eines Glaubens, der sich erlebbar zeigt. Ich liebe die Pfingstgemeinde vor allem in ihrer ursprünglichen Bewegung und spüre, dass ich diese Identität, auch aufgrund der positiven und jahrelangen Erfahrbarkeit meines Glaubens, tief in mir trage.

Doch ich brauche heute auch sozusagen pietistische[9] Zurückhaltung, die mit viel Rationalität biblische Texte beleuchtet. Und ich brauche es heute, Menschen in protestantischer Freiheit willkommen zu heißen, die in evangelikalen Kreisen nicht willkommen wären. So wird Glaube für mich tatsächlich auch in Gemeinschaft leb- und erlebbar.

»Gott ist nicht der Schmerz,
den Menschen dir zugefügt haben.«

Priska Lachmann

VI.
»Ich bin wütend!«

Es ist noch gar nicht so lange her, da hätte ich diesen Satz nicht aussprechen können: »Ich bin wütend!« Ich dachte, mein Vermögen, mich in andere Menschen hineinversetzen zu können, ihre Ansichten und deren Hintergründe zu verstehen, die Unklarheit und Doppeldeutigkeit, mit der sie mir begegneten, auszuhalten und zu akzeptieren, sei so groß, dass ich auf Menschen, die in meiner Vergangenheit meinen Weg begleiteten und zum Teil bestimmten, nicht wirklich wütend sein könnte. Doch in Wahrheit hatten diese Menschen mich so beeinflusst, dass Schuld- und Schamgefühle lange Zeit mein Leben bestimmten. Ich war in eine Rolle geraten, in der ich stets meinte, eine bestimmte religiöse Richtung, bestimmte Menschen und vielleicht sogar auch Gott verteidigen und in Schutz nehmen zu müssen. Das hatte dazu geführt, dass ich nicht für mich einstehen, ja, mich selbst nicht einmal wahrnehmen konnte. Das war alles andere als gut und ein guter Grund, wütend zu sein.

Ich führte eine Abhängigkeitsbeziehung zu meiner Kirche, die einer toxischen Beziehung glich, wie es sie zwischen zwei Menschen geben kann. Heute bin ich innerlich zerrissen: Einerseits sind da die schönen Erinnerungen, die Gefühle, die ich habe, wenn ich Lobpreislieder weltweit bekannter Bands höre. Andererseits bekomme ich mit, dass große Freikirchen ihre Mitglieder um Gelder betrogen, das Ehrenamt ausgebeutet und Gemeinden sich auf schlimmste Weise fehlentwickelt haben[1]. Eine toxische Beziehung zu beenden, ist sehr schwer. Das Schlimmste ist: Je länger man in ihr verharrt, desto stärker prägt und vergiftet sie das eigene Verhalten und die eigene Persönlichkeit. Man passt sich an, man übernimmt schlechte Angewohnheiten und destruktive Überzeugungen und ehe man sich versieht, hat man sich ebenfalls toxische Verhaltensweisen angeeignet.

Habe ich eine Gehirnwäsche bekommen? Ja. Nie aus böser Absicht oder aus Berechnung. Die tiefe Überzeugung, Menschen vor der Hölle bewahren zu müssen, ihnen zu helfen, mit Jesus in eine tiefe Beziehung zu kommen, waren ehrenwerte Gründe, aus denen Menschen, die Macht über mich hatten, mich zu der gemacht haben, die ich wurde. Aber auch diese Menschen waren Opfer, Opfer eines fundamentalistischen Bibelverständnisses. Sie waren und sind schlicht blind für die Freiheit des Evangeliums und fügen ohne böse Absicht anderen Schaden zu. Ich tröste mich manchmal mit dem Satz: »Wir wussten es nicht besser«. Aber dieser Trost ist schal. Denn auch ich bin schuldig geworden an anderen Menschen. Das kann ich nicht verleugnen und dem kann ich nicht ausweichen, das ist eine Tatsache, zutreffend und ehrlich.

◈ ◈ ◈

In meiner Kindheit sagten wir jeden Sonntag einen Bibelvers auswendig auf, den wir in der Woche zuvor im Kindergottesdienst gelernt hatten und über die Woche hinweg auswendig lernen sollten. Wenn wir den Gottesdienst besuchten und den Vers aufsagen konnten, bekamen wir ein Sternchen. Nach ungefähr zehn Wochen bekamen wir dann als Belohnung Süßigkeiten. Einmal bekamen wir gekringelte Schokoladenkekse. Ich liebte diese Sorte und war so glücklich darüber, dass ich sie mir mit Fleiß erarbeitet hatte. Ich schaute fast verliebt auf die Schokokekse und freute mich darauf, die Packung nach dem Gottesdienst öffnen zu können. Dann sah ich zu den anderen Kindern hinüber, die gerade in diesem Moment ermahnt wurden, dass sie regelmäßiger sonntags in den Gottesdienst kommen müssten. Sie würden dann auch Kekse bekommen.

Ich dachte in kindlicher Weise, dass ich wirklich fleißig gewesen war; immer brav und nett hatte ich alle Aufgaben erledigt. Andere Kinder hatten das nicht getan. Aber, so bemerkte ich auch, einige Kinder hatten auch keine Eltern, die regelmäßig in den Gottesdienst kamen; oder sie konnten nicht so schnell auswendig lernen wie ich. Manche Bibelverse waren richtig schwer, so dass ich manchmal gar nicht verstand, was ich da aufsagte. Vielleicht konnten die anderen Kinder gar nicht auswendig lernen, was sie nicht verstanden? Wenn ich heute darüber nachdenke, ärgere ich mich über dieses System. Einerseits benachteiligte es Kinder, die weniger behütet aufwuchsen und weniger Talente hatten als ich, andererseits erzog es mich zum Gehorsam und impfte mir ein, ein »gutes Mädchen« zu sein, um gemocht und belohnt zu werden.

◈ ◈ ◈

Je älter ich wurde, desto umfangreicher wurde auch mein freiwilliges Engagement in der Gemeinde. Zum Deko-Team in meiner Jugendzeit kam auch die Theatergruppe, später auch

Hauskreise, Kindergottesdienste und Andachten, die ich halten durfte. Ich verbrachte sehr viele Nachmittage und Abende in der Gemeinde. Niemand zwang mich dazu. Dort waren meine Freunde, dort spielte sich mein soziales Leben ab und es war ein gutes Gefühl, gebraucht und gesehen zu werden. Meine Talente wurden erkannt, ich war eingebunden in ein festes Sozialgefüge und hatte Freunde, auf die ich mich verlassen konnte. Ehrenamtliche Mitarbeit schuf diese gemeinschaftliche Nähe. Daran ist per se nichts Schlechtes. Die freiwillige Übernahme von Verantwortung ist ein zentrales Merkmal von Kirche und von vielen Vereinen. Ehrenamtliches Engagement ist auch notwendig. Dazu gehören auch Singen im Chor oder der Besuch des Hauskreises. In Freikirchen ist diese Mitarbeit jedoch oft ganz nach Innen konzentriert. Es ist, als gäbe es außerhalb der Gemeinde gar keine Welt, die interessant ist oder sogar Beachtung verdient. Das Ziel besteht darin, Menschen so an die Gemeinde zu binden, dass sie bleiben.

Auch ich selbst band mit meiner eigenen Arbeit als Jugendreferentin Jugendliche an unsere Gemeinde. Dadurch wuchs die Gemeinde, denn die Jugendlichen, mit denen ich arbeitete, brachten ihre Freunde mit. Ich schäme mich heute, wenn ich an ein Gespräch mit einer sehr begabten jungen Frau denke, die nicht regelmäßig in die Gemeinde kam, aber trotzdem bei uns mitarbeitete. Ich setzte sie unter Druck: Sie müsse sich entscheiden und jede Woche zu uns kommen, wenn sie weiter bei uns mitarbeiten wolle. Ehrenamtlich natürlich. Was ich machte, analysiert Professor G. Pickel so: »Man wird beteiligt an der Gemeinschaft. Der Sozialdruck kommt dann zum Tragen und es entsteht Zugkraft. Dann geht man hin, weil man noch mehr Menschen kennenlernt.«[2] Ich entschuldigte mich einige

Jahre später bei der jungen Frau. Ich war zutiefst erschrocken darüber, wie selbstverständlich ich dieses manipulative System übernommen hatte. Es ging mir weniger um die individuellen Menschen als vielmehr um das Wachstum der Mitgliederzahl, um meinen persönlichen Erfolg, um mein Ansehen, das mit jedem Mitglied, das ich gewann, wuchs. Ich hadere heute oft mit meinen Verhaltensweisen von damals.

Der Mechanismus der Mitgliederbindung durch ehrenamtliche Mitarbeit ist nicht per se nur negativ zu sehen, aber er ist wenigstens kritisch zu betrachten, vor allem dann, wenn diejenigen, die vielleicht nicht so engagiert sein wollen, in der Gemeinde unter Druck gesetzt werden oder sogar Nachteile erfahren.

◈ ◈ ◈

Seit 2012 gehe ich in eine Gemeinde, die der evangelischen Landeskirche angehört. Ostern 2013 wurde ich offiziell Mitglied. Der Pfarrer begegnete mir ohne Vorbehalte. Meine Herkunft aus einer Pfingstgemeinde war für ihn ebenso irrelevant wie mein uneheliches Baby. Er war interessiert an mir und meinen Gedanken, er hinterfragte zwar meine theologische Vergangenheit, hieß mich aber uneingeschränkt willkommen. So wie ich war, durfte ich sein. Ich musste mich nicht verstellen. Wenn ich sonntags nicht in den Gottesdienst ging, fragte mich hinterher niemand, wo ich gewesen sei, um dann zu ergänzen »Wir haben dich vermisst!« –, in freikirchlichen Gemeinden ein subtiler Vorwurf, der Menschen gemacht wird, die man gerne öfter im Gottesdienst sehen will. Aber ist diese Aussage überhaupt ehrlich gemeint? Wird man wirklich vermisst? Vielleicht. Sicher ist aber, dass sie manipulativ wirkt.

Trotz der Erfahrungen in meiner neuen Gemeinde brauchte ich viele Jahre, bis ich sonntags kein schlechtes Gewissen mehr hatte, wenn ich entschied auszuschlafen statt den Gottesdienst zu besuchen. Mehrere Jahre lang vermied ich alle sozialen Kontakte in der Kirche. Ich wollte niemanden kennenlernen, schätzte die Anonymität der Stadtkirche. Irgendwann verspürte ich dann die Sehnsucht, mich im Gottesdienst ehrenamtlich zu betätigen. Ich konnte ohne Probleme mitmachen. Und als ich keine Zeit mehr dafür hatte, machte mir niemand ein schlechtes Gewissen. Ich wurde gefragt, ob ich in einem Hauskreis mitmachen wolle, doch meine Vergangenheit, meine traumatischen Erfahrungen mit den negativen Seiten einer Gemeinde ließen mich zögern. Heilung braucht Zeit. Vertrauen zu gewinnen, braucht Zeit. Und wenn ich nie wieder einem Hauskreis beitreten möchte, ist das genauso in Ordnung.

◈ ◈ ◈

Ich mag meine neuen Pfarrer sehr. Einer ist ein Hüne mit einer lauten Stimme und dem mitfühlendsten Herz, dass man sich nur vorstellen kann. Wann immer er mich sieht, strahlt er mich an. Er ist ein Ermutiger, ein Mensch, den man nicht missen möchte in seinem Leben. Der andere ist der vielleicht beste Prediger, den ich je erlebt habe. Seine Rhetorik ist beeindruckend und seine Theologie zum Umarmen. Ich bin eine dieser Gottesdienstbesucherinnen, die ihm am Ausgang die Hand schüttelt und sagt: »Das war eine tolle Predigt.« Und das bringt nicht mal ansatzweise zum Ausdruck, was ich empfinde. Nach all den Jahren, in denen mir jeder Bibeltext in gleicher Weise ausgelegt worden ist, sauge ich seine Worte auf wie ein trockener Schwamm.

Ostern 2013 machten wir uns frühmorgens mit Baby auf den Weg, um das Osterfeuer in der Kirche zu erleben. Frühmorgens 5 Uhr war definitiv nicht meine Uhrzeit. Ich hatte noch nie ein Osterfeuer erlebt und ich wusste nicht, was auf mich zukommen würde. Die Gemeinde stand im Hof um eine Feuerschale herum. Ich kannte noch niemanden, aber man reichte Björn und mir eifrig Liedblätter, so dass wir im Schein des Feuers mitsingen konnten. Die Flammen ließen mein Gesicht heiß werden, während mir die Kälte die Beine hochkroch. Meine Eltern betraten den Hof, stellten sich neben uns. Ich freute mich, dass sie da waren. Das war ein besonderer Morgen für mich. Wir sangen, während wir langsam aus dem Feuerschein durch die Dunkelheit ins Gemeindehaus gingen. Und wir sangen weiter, während draußen langsam die Sonne aufging. Wir zündeten kleine Kerzen an, die symbolisierten, dass Jesus, das Licht der Welt, auferstanden ist und seine Liebe unter uns ist, mit uns ist und wir seine Liebe und sein Licht weitergeben dürfen. Die versammelte Gemeinde erstrahlte im Glanz der aufgehenden Sonne, als ich offiziell als Mitglied aufgenommen wurde. Ich war bewegt. Es war ein Schritt in eine wunderschöne, sonnenlichtdurchflutete Zukunft. Ich war ein Landeskirchenmitglied in einer evangelisch-lutherischen Kirchgemeinde. Niemals hätte ich gedacht, dass das geschehen könne.

Dieser Ostermorgen war meine Auferstehung. Ich wurde frei von Schuld und Manipulation. Ich kam nach Hause. Zu mir. Ich fühlte mich vollkommen frei und konnte endlich authentisch leben.

Niemals hätte ich gedacht, dass ich mich genau hier so wohlfühlen würde. Angekommen. Ich war auch in der Kirche zuhause. Ich war theologisch genau dort, wo ich sein wollte.

Ich traf auf tiefgläubige Menschen, die sich engagierten, die ihre Kirchgemeinde liebten und gleichzeitig überhaupt nicht dachten, sie hätten die absolute Wahrheit gefunden oder wären bessere Christen als andere. Sie waren demütig bereit, Neues zu lernen, Fragen zu stellen und Zweifel zuzulassen. Sie standen mitten im Leben mit allen Herausforderungen, die es zu bieten hatte. Und niemals erweckten sie den Eindruck, mit vorgefertigten Antworten diese Herausforderungen stillstellen zu müssen. Ihre Offenheit, ihr beständiges Sehnen und ihr Wunsch, immer Suchende zu sein, rührten mich zu Tränen. Die aktuelle Präses der Synode evangelischer Kirchen in Deutschland, Anna-Nicole Heinrich, sagte letztens in einem Podcast genau das: »Wir sind eine Gemeinschaft der Suchenden«.[3] Und wie könnte ich dann nicht dazu gehören? Auch ich bin immer auf dem Weg mit Jesus. Ich bewege mich manchmal im Dunkeln, manchmal im Licht, und mir ist bewusst, dass ich niemals alles Verständnis haben werde, um die Fülle des Geheimnisses des Glaubens zu erfassen.

Doch ich weiß, dass der Wesenskern des Glaubens darin besteht, anzunehmen und angenommen zu sein. In Johannes 1,16 steht: »Denn aus seiner Fülle haben wir alle empfangen, und (zwar) Gnade um Gnade«. Eine andere Übersetzung könnte »Gnade von Gnade« lauten. Also Gnade, die aus Gnade kommt. Wir können uns vollständig akzeptieren, weil Gott es ist, der uns annimmt. Er akzeptiert uns um unserer selbst willen und mit unserem ganzen Selbst.

◈ ◈ ◈

Ich bin mit einem Glauben aufgewachsen, in dem Gott nahbar war. Gott war Teil des alltäglichen Lebens, griff darin ein, oft auch auf wunderhafte Weise.

Mit 20 oder 21 Jahren leitete ich mit Theo, meinem damaligen Mann, eine Jugendarbeit im Schwarzwald. Jeden Freitag war Jugendabend und oftmals endete dieser mit einigen lustigen und verrückten Spielen. Die Jugendlichen brachten uns »Verstecken im Dunkeln« bei. Es funktionierte genauso, wie man eben Verstecken spielt, nur eben im Dunkeln und mit Weglaufen und Jagen. An einem Abend versteckte ich mich in einem Kellerschacht und als ich gefunden wurde, kletterte ich aus dem Schacht und rannte los. Dabei übersah ich in der Dunkelheit eine Stufe vor einer angrenzenden Garage, stolperte und stürzte. Wie ein gefällter Baum. Mir blieb die Luft weg. Und zwar so lange, dass Theo den Rettungswagen rief. In der Notaufnahme stellte ich fest, dass mein linker, kleiner Finger ab dem Mittelknochen senkrecht von der Hand abstand, beinahe schon nach unten wackelte, als würde er nur noch von Haut und Fleisch festgehalten werden.

Im Krankenhaus röntgte man mich, renkte mir den Finger grob ein und sagte mir, ich bräuchte Metallplatten und sie könnten mir nicht versprechen, dass ich den Finger jemals wieder normal würde benutzen können. Ich war nicht bereit, das zu akzeptieren. Also machte ich einen Termin bei einem Tübinger Handspezialisten aus.

In der Nacht vorher betete Theo für mich, eben weil wir mit Gottes Eingreifen rechneten, und bat Gott um Heilung. Er bat um ein Wunder. Während er betete, wurde meine Hand heiß und ich hatte dieses innere Gefühl, das mein Finger geheilt worden sei. Doch ich bin grundsätzlich ein skeptischer

Mensch mit einer großen Portion Rationalismus. Den Termin am nächsten Tag in Tübingen abzusagen, wäre für mich keine Option gewesen.

Dort angekommen, schilderte ich meinen Unfall, man röntgte mich und rief mich nach einer längeren Wartezeit in das Behandlungszimmer. Der Handchirurg stand neben einem weiteren Arzt vor dem Röntgenbild meiner Hand und drehte sich zu mir um. »Wo haben sie gesagt ist der Finger gebrochen?« Ich deutete es ihm an. Er sagte: »Es tut mir leid, ich kann überhaupt keinen Bruch erkennen. Hier ist gar nichts. Vielleicht ein kleiner Faserriss, wir machen Ihnen mal vorsichtshalber eine Fingerschiene dran. Mehr brauchen Sie aber nicht.« Ich verließ die Praxis mit einer Schiene und habe keinerlei Beeinträchtigung an meinen Fingern. Bis heute ist der Finger völlig mobil, ohne Einschränkung. Eine miserable Erstdiagnose? So denke ich heute. Damals dachte ich an ein übernatürliches Wunder. Es gibt eine Art und Weise an Wunder zu glauben, die aus der Zeit von vor der Aufklärung stammt. Sie hat einen magischen Charakter und beißt sich mit unserem heutigen rationalen Intellekt. Trotzdem habe ich das Gefühl, Gottes Wirksamkeit doch immer wieder erlebt zu haben, vielleicht wünsche ich mir auch, das zu glauben, weil sich mein Glaube sonst so sinnlos anfühlt. Jahre später, als ich schon mit Björn verheiratet war und mitten in meinem Graecum, der Prüfung in Altgriechisch im Rahmen meines Theologiestudiums, steckte, ging ich mit meiner Freundin Sara ins Fitnessstudio und danach duschen. Meine Badeschlappen hatte ich zu Hause vergessen und es geschah, was geschehen musste. Ich rutschte aus und fiel in hohem Bogen hin, wie man das aus lustigen Comedy Filmen kennt. Ich konnte mich nicht abfangen. Nackt und lang ausgestreckt lag ich halb auf dem Bauch. Ich war mit meinem ganzen Körpergewicht auf meinen linken Ellenbogen gefallen. Unter Schock stand ich auf und duschte mich weiter ab. Ich hatte nur einen Gedanken: »Auf gar keinen Fall kann ich nackt im Fitnessstudio den Notarzt rufen.«

Ich zog mich mit der rechten Hand an und ließ mir nichts anmerken. Nicht mal Sara merkte etwas, sondern plapperte fröhlich weiter. Auch etwas unter Schock stehend, wie sie später entschuldigend zugab. Ich fragte sie: »Kannst du uns nach Hause fahren?« Doch sie deutete auf ihre hohen Keilabsätze und verneinte. Ich fuhr also erst sie nach Hause und dann zu uns. Björn kam mir schon entgegen, er wollte zum Training. Ich sagte nichts. Ging heim, brachte die Kinder ins Bett. Dann fiel der Schock ab und ein unglaublicher Schmerz setzte ein. So sehr, dass ich meine Schwiegermutter anrief und sie bat, mich in die Notfallpraxis zu fahren. Wir weckten die Kinder und sie fuhr uns zum Arzt. Der Ellenbogen war gebrochen. Und zwar so kompliziert, dass sie aktuell nicht wussten, wie sie die Verletzung behandeln sollten. Ich bekam erstmal einen Gips und einen neuen Termin.

Zuhause weinte ich. Das Graecum war schon in vier Wochen. Konnte ich das mit einem Arm und Schmerzen und drohenden Komplikationen überhaupt schaffen? Ich hatte auch noch ein Kindergartenkind und ein Baby zu versorgen! Doch ich dachte an meinen Finger. Wenn Gott damals ein Wunder getan hat, könnte er das doch auch nochmal tun? Ich bat ihn um Heilung, um übernatürliches Eingreifen.

Zwei Wochen später saß ich wieder in der Klinik. Nervös. Ich wurde noch einmal geröntgt und wartete dann sehr lange. Schließlich wurde ich zum Chefarzt gerufen. Dieser zeigte mir mein Röntgenbild und fragte: »Ich weiß nicht genau, wie ich mir das erklären soll, ich gehe davon aus, dass mein Kollege sich einen Fehler erlaubt hat. Aber hier ist kein Bruch zu erkennen. Höchstens eventuell hier ein kleiner Riss, er zeigte auf eine Stelle unter meinem Ellenbogen.« Ich starrte auf das Röntgenbild. Es war komplett anders und ähnelte keineswegs dem Bild von vor zwei Wochen, bei dem sogar ein Laie den Bruch mehr als deutlich sehen konnte. Ähnlich wie bei meinem Unfall mit meinem kleinen Finger. »Wir machen Ihnen mal noch vorsichtshalber eine Schiene dran«, sagte der Arzt. Eine halbe Stunde später verließ ich breit lächelnd vor Glück und Erleichterung mit einer Handschiene die Praxis. Björn konnte es kaum glauben. Ich schrieb zwei Wochen später mein Graecum ohne Schiene und bestand es.

Ich habe diese Ereignisse, die ich mir nicht rational erklären konnte und eigentlich auch heute noch nicht erklären kann, als Wunder erlebt, so, als würde Gott für mich die Naturgesetze außer Kraft setzen. Auch heute halte ich daran fest, dass Gott und sein Handeln sich nicht rational vollkommen erfassen lassen. Wäre das möglich, würden wir nicht von Gott sprechen, sondern von einem Götzen, einem Objekt unserer Erkenntnis. Ich glaube auch weiterhin, dass der christliche Gott mir und allen Menschen nahe ist, dass man das Handeln Gottes in seinem Leben erfahren kann. Davon bin ich nach wie vor fest überzeugt. Im Rückblick sehe ich meine kleinen Heilungserlebnisse heute aber theologisch etwas differenzierter. Ich glaube nicht, dass Gott Naturgesetze außer Kraft setzt, weil Menschen ihn um ein Wunder bitten. Was wäre das auch für ein Gott, der auf mein Bitten meinen Arm heilt, aber das Gebet einer Mutter um das Leben ihres totkranken Kindes nicht erhört! Möglicherweise waren in meinem Fall die Erstdiagnosen nicht präzise genug. Vielleicht hatte ich auch nur das Glück, dass die Heilung auf dem physiologisch von der Natur dafür vorgesehenen Weg besonders schnell vonstatten ging. Oder es war eine Mischung aus beidem. Aber ist das nicht auch ein Wunder? Das überhaupt Heilung möglich ist, dass die Natur das kann und das wir Menschen gelernt haben, die Naturgesetze zu verstehen und sie zur Heilung zu nutzen? Das eigentliche Wunder liegt in meinem Fall doch darin, dass ein gebrochener Arm oder Finger physiologisch heilen können, weil die Evolution das so vorgesehen hat. Dieses Wunder, so könnten wir es theologisch formulieren, geschieht in Gott und durch Gott. Und in diesem Sinne sind wir tagtäglich und in jeder Stunde unseres Daseins von Wundern umgeben.

Wir können Gott nicht erklären und in seiner Fülle erfassen. Wir haben doch nur unsere eigenen Wahrnehmungen, unsere persönliche Realität und unsere Erfahrungen. Mit ihnen und in ihnen können wir uns nach Gott ausstrecken, können auf dem Hintergrund dessen, was andere vor uns – zum Beispiel in der Bibel – von ihren Gotteswahrnehmungen erzählt haben, unsere Wahrnehmungen deuten und darin Spuren der Wirklichkeit entdecken, die wir Gott nennen. Ich bin mir dieser Tatsache bewusst, es macht mich demütig und mir ist bewusst, dass mein »von Gott sprechen« bestenfalls nur ein Stammeln ist.

Ich sehne mich dabei danach, dass der Glaube nahbar und erlebbar wird: durch Menschen, die Mitgefühl und Barmherzigkeit zeigen, durch Gottesdienste, in denen ich den Schein von Kerzen sehe, die Stimmen von singenden Kindern höre, oder mit einer Blume in der Hand später bei einer alten Dame klingele, um ihr zu zeigen, dass ihre christliche Gemeinschaft sie nicht vergessen hat.

◈ ◈ ◈

Als ich in meinen Teenagerjahren Jesus bewusst in mein Leben aufnahm, ihm alles unterstellte und mich quasi in ihn verliebte, war das diese rosarote Verliebtheit. Diese ersten Jahre, in denen man am anderen alles toll findet. Doch nach einiger Zeit stellt man fest, dass nicht alles so rosarot perfekt ist. Gebete wurden vielleicht nicht erhört, Wünsche blieben unerfüllt. Jemand, den wir sehr geliebt haben, stirbt viel zu jung. Jemand fragt uns, ob wir vielleicht nicht genug geglaubt haben, wenn tragische Ereignisse geschehen. Und wir erkennen schmerzhaft, dass wir Gott weder durch »richtiges Gebet« oder »richtigen Glauben« manipulieren können noch, dass unser Glaube messbar ist. Schreckliches geschieht. Brüche im Leben. Enttäuschungen brechen ungeplant über uns herein, Träume zerplatzen wie Seifenblasen. Und dann schauen wir in die Bibel und stellen plötzlich fest, dass es darin so viele dunkle Texte gibt, voller Gewalttätigkeit, die man bisher noch nie gehört hat und die man nicht einordnen kann. Und dann beginnt man das eigene Leben zu reflektieren und fragt sich, ob Gott wirklich da war, als man ihn gebraucht hat oder ob man überhaupt etwas mit so einem Gott zu tun haben möchte.

»Im Glauben geht es darum, wie wir das Leiden im Leben akzeptieren, nicht darum, es zu verhindern oder zu beseitigen. Es ist notwendig, die Unvermeidbarkeit des Leidens zu akzeptieren«, sagte einmal ein amerikanischer Professor zu mir.

Durch eine fehlgeleitete Theologie, unsachgemäße Bibelauslegungen, ein bestimmtes, festgelegtes Gottesbild und einen überheblichen Glaubensanspruch, wie sie in der Heiligungsbewegung und dem Wohlstandsevangelium* entfaltet werden, kommt es überhaupt erst zu diesen Zweifeln, die im Zerbrechen des Glaubens münden können. Und wenn man nicht gelernt hat, dass man Zweifel zulassen darf und die Lösung nicht darin liegt, alle berechtigten Fragen zu ignorieren, um am Rosarot des Anfangs festhalten zu können, entsteht die innere Verzweiflung, nicht gut genug zu sein. Ich erinnere mich an ein Gespräch mit einem Jugendlichen, der weinte, weil er Jesus nicht so fühlen konnte wie alle anderen und er fragte, was mit ihm falsch sei. Eine Frau in unserer Gemeinde musste den Tod ihres Mannes verkraften und dabei stark für ihre Kinder bleiben.

Auf viele Fragen habe ich keine Antworten, aber ich weiß, ich spüre, dass Gott Frieden schenkt für alle aufgewühlten Seelen, wenn wir ihn darum bitten und dass er tatsächlich aus Asche Blumen wachsen lassen kann. Er ist ein Gott, der da ist, wenn das Leben zerbricht, der neben uns sitzt, wenn wir verletzt und verloren sind. Während alle im Gottesdienst laut die immergleichen Textzeilen singen und – etwas zugespitzt ausgedrückt – sich selbst profilieren, wird er draußen auf der Straße neben dem Obdachlosen sitzen, der darauf wartet, dass alle aus der Kirche treten und ihm hoffentlich ein paar Cents geben. Er sitzt in der Kneipe, neben dem Mädchen, das sehnsuchtsvoll tindert, auf der Suche nach Anerkennung und Liebe, und er wird sie mit Liebe erfüllen, die selbstloser und bedingungsloser nicht sein könnte. Er lag neben mir auf dem Fußboden, als ich für Wochen und Monate die Nächte durchweinte. Ich wusste, dass er da ist. In all meiner Not und in all meinem Schmerz. Er ist in den alten Kirchenliedern, die von der Orgel begleitet durch den Gottesdienstraum hallen. Er ist im Taufwasser, das die Stirn meiner Tochter berührt. Er flüstert ihr zu: »Ich liebe dich. Schon immer.«

Sich auf diese Glaubensreise zu begeben, hat mir das Bild eines barmherzigen Gottes vermittelt. Es gibt kein Zurück zur ersten Liebe. Muss es auch nicht, denn gewachsene, reife Liebe, in der sich das Paar auch einmal angeschrien hat, ist tiefer und steht auf einem festen Fundament. Zweifel immer zu unterdrücken führt nicht dazu, dass diese verschwinden. Sie müssen geäußert werden dürfen. Und auf viele Fragen gibt es keine Antworten. Wir müssen sie aushalten, sie stehen zu lassen. Das Gottesbild zu korrigieren, das mich so zerstört hat, hat mir nicht nur ein wunderschönes, großes Bibelverständnis gebracht, sondern auch Ehrlichkeit gegenüber mir selbst und gegenüber Gott. Ich muss nichts mehr vorspielen zu sein. Ich bin.

◈ ◈ ◈

Ich bin wütend auf ein System, das mich in ein bestimmtes Rollenbild pressen wollte. Es hat mich in ein Lebensschema gedrückt, das nicht das meine war. Nicht mit Gewalt, aber ich hatte keine andere Wahl, weil ich gar keine anderen Möglichkeiten kannte und ich hatte furchtbare Angst, Gott nicht gefallen zu können.

Zugleich bin ich glücklich. Glücklich, dass ich gezwungen war, das System zu verlassen und außerhalb dieses Systems meinen Frieden fand. Freiheitlich Glauben zu leben, ohne Angst, ohne Druck, sondern in vollkommener Authentizität und Demut, ist das Beste, was mir passieren konnte.

Ich erkannte, dass es keine Liebe ist, wenn man behauptet, Jesus zu lieben und dann religiös rechthaberisch auftritt, anstatt die Mitmenschen noch mehr zu lieben. Ignoriert zu werden von Freunden und Menschen, denen ich einmal sehr nah stand, nur weil ich nicht mehr ihren Vorstellungen entsprach, habe ich nicht als eine Form Liebe erfahren, die gesund war und die ich länger in meinem Leben haben wollte.

Ich muss niemand mehr sein, die ich nicht bin. Ich muss meinen Wert nicht mehr beweisen, geschweige denn, jedem gefallen. Ich muss mir nicht mehr überlegen, was andere von mir denken oder dafür sorgen, dass alle mit mir zufrieden sind.

Noch bevor die Wut sich in mir breit machte, fühlte ich Trauer. Ich fühlte mich verloren, hatte den Sinn meines Lebens verloren, meine Routinen. Ich war unglaublich traurig, meine Identität verloren zu haben. Ich trauerte um scheinbar verlorene Jahre und noch mehr über meine unsichere Zukunft und das Gefühl, meine Berufung nie mehr leben zu können.

Wie kann ich Trauer bewältigen, wenn sie mir schier den Atem raubt? Tatsächlich hilft es, sie zuzulassen und darüber zu sprechen. Der Schmerz des Verlustes, das Gefühl, diesen nicht bewältigen zu können, schien unendlich groß zu sein. Aber den Schmerz zuzulassen hilft, um ihn bewältigen zu können. Aber auch sich abzulenken, sich nicht vom Leben zurückzuziehen, hilft dabei, den Verlust zu verarbeiten. Dabei ist es aber ein Trugschluss zu glauben, dass die Trauer irgendwann ganz weg ist. Sie bleibt, aber sie verändert sich. Die Psychotherapeutin Megan Divine betont: »Je größer der Verlust, desto größer wird auch die Trauer sein.« Und sie fügt hinzu: »Der Krater, der sich in einem Leben auftut, wird nie verschwinden. Er wird auch nicht kleiner werden. Aber es wird sich ein anderes Leben rund um den Krater ansiedeln, wenn getrauert werden darf.«[4]

Inzwischen lebe ich »ungezähmt«, wie Glennon Doyle es in einem Buch mit ebendiesem Titel entfaltet. Ich bin in meiner vollen Kraft angekommen, niemals wieder muss ich mich verstecken, kann meinen Glauben leben, ohne mich verstellen zu müssen, ohne jemals wieder Angst zu haben, zu wenig oder nicht gut genug zu sein.

◈ ◈ ◈

Eine Theologie zu entdecken, die mich freisetzt, mir Energie gibt, mich mit Kraft und Liebe erfüllt, ließ mich den schönsten Heilungsweg betreten, den ich mir denken kann. Er führte mich hinaus aus einer toxischen Beziehung. Ich durfte heilen und in eine gesunde Liebesbeziehung hineinwachsen: zur Kirche, zu Gott und auch zu mir selbst.

Jahrelang hatte ich mich von mir selbst entfremdet: Gottes Wille, oder das, was ich dafürhielt, war wichtiger als mein eigener. Ich wurde angeklagt, wenn ich mich von Gott entfernt fühlte. Ich unterdrückte meine natürlichen Wünsche. Mir wurde beigebracht, dass meine Gedanken trügerisch sind, und eine Quelle außerhalb von mir alle Antworten hatte. Heute muss ich nicht mehr das gute Mädchen sein, ich kann endlich authentisch leben und auch die Unvollkommenheit meines Menschseins akzeptieren. Ich durfte wütend sein und trauern und weiß jetzt, dass ich weder perfekt sein noch Angst haben muss, jemanden zu enttäuschen.

Ich kann Gott nicht enttäuschen. Ich bin geliebt, genauso wie ich bin. Ich darf mich in diese Liebe hineinfallen lassen und sie weiterschenken. Mein Glaube entwickelte sich aus einem zu engen Korsett hin zu einem ganzheitlichen, mündigen und freiheitlichen Glauben. Zweifel und Schwierigkeiten führten mich nicht dahin, den Glauben aufzugeben, stattdessen kann ich sie ausdrücken, darf Fragen offen stehenlassen und muss dafür nicht das ganze christliche Milieu und Jesus selbst in Frage stellen.

◈ ◈ ◈

Ich habe das Gefühl, wann immer ich denke, Gott begriffen zu haben, entzieht er sich mir und der Vorstellungen, die ich von ihm habe. Immer wenn ich denke, dass ich verstanden habe, wie Gott sich verhält, wie er ist, was er will, erlebe ich eine neue, unerwartete Liebeshandlung von ihm. All meine Versuche, ihn zu verstehen, zu erklären, ihn zu finden, ihn zu sehen, wandeln sich immer wieder in ein verblüfftes Staunen über seine überraschende Liebe.

Neulich erzählte mir meine große Tochter, dass ihre Freundin sie unter Tränen angerufen habe, um ihr zu erzählen, dass ihr Gott begegnet sei. Sie ist die Einzige in ihrer Familie, die seit der Grundschulzeit eine Sehnsucht entwickelt hat, ihn kennenzulernen. Sie ließ sich mit zwölf Jahren taufen, ihre Familie unterstützte sie in ihrer Entscheidung. Und nun rief sie an, und sagte: »Ich war heute müde, hatte Schulstress und es ging mir gar nicht gut. Und dann ruft ihr, meine Freundinnen, mich an und ich spüre, dass Gott durch euch mich aufgemuntert hat. Gott wirkt auch durch Menschen. Das hat mich richtig ermutigt.« Ich hatte Gänsehaut. Dieses junge Mädchen begegnet Gott. Er bleibt nicht unsichtbar.

»Wenn du mich suchst, wirst du mich finden«, sagte ein Prediger mal im Gebet zu mir. Diesen Bibelvers aus Jeremia 29 fand ich immer sperrig, dachte immer leistungsorientiert und fragte mich, wie stark und zeitintensiv meine Suche sein muss. Doch das Gegenteil ist der Fall. Es geht um die innere Haltung des Herzens. Der Wunsch, Gott zu sehen, genügt. Ich öffne mein Herz für eine Begegnung mit ihm. Meister Eckhart, ein Mystiker des vierzehnten Jahrhunderts, der Einfluss auf Martin Luther hatte, sagte: »Gott wirkt, und ich werde.«

Nicht immer verstehe ich, wie ein nahbarer Gott, der so oft in mein Leben persönlich eingegriffen hat, sich für andere Menschen so weit weg anfühlen kann. Ich habe unzählige offene Fragen, und möchte mich vor allem nicht mehr mit einfachen Antworten zufriedengeben. Aber ich kann sagen, dass Gott in meinem Leben gewirkt hat und ich dadurch die Person bin, die ich heute bin. Auch wenn diese, meine, einfache Interpretation von Meister Eckhart wahrscheinlich nicht ansatzweise dem gerecht wird, was er sagen wollte.[5]

»Spirituality is always eventually about what you do with your pain", hörte ich einmal von Fr. Richard Rohr. Also: »Bei der Spiritualität geht es letztendlich immer darum, was man mit seinem Schmerz macht.« Im Schmerz zu erkennen, dass Gott mich in den Arm nimmt, er mit mir weint, er mit mir leidet und ich mich stillschweigend neben ihn setzen kann, war die kontemplativste und meditativste Vorstellung, die mich durch das tiefe Tal geführt und mir klar gemacht hat: Ich bin nicht allein.

◈ ◈ ◈

Mich verwundert, dass ich eine solch tiefe Liebe zur Pfingstbewegung verspüre, zur Gotteserfahrung und ich mich gleichzeitig nach exegetisch fundierter Bibelauslegung sehne und vor allem nach einem freiheitlichen, mitmenschlich gelebtem Christentum. Ausgerechnet ein Artikel eines Theologen, der als Professor an einem pfingstlichen College lehrt, hat mir geholfen, diese Ambivalenz einzuordnen. Vor allem weil seine Lebens- und Arbeitswelt die meine schon gestreift hat. Ist die Pfingstbewegung fundamentalistisch?

Aktuell verstehen wir diesen Begriff sehr negativ. Wir denken dabei an muslimische Attentäter und Kinder-prügelnde Sektenführer. Das Pfingstlertum wird in den USA als evangelikal[6] bezeichnet. Aber sind sie das überhaupt? Es gibt ja durchaus Gründe, die Pfingstler mit dem Fundamentalismus zu verknüpfen. Allerdings hat der Evangelikalismus sich nie mit dem Glauben an Wunder angefreundet, wie es bei den Pfingstlern der Fall ist. Viele Fundamentalisten sahen in Pfingstlern Fanatiker, schreibt Terry L. Cross, ein US-amerikanische Theologe aus seiner amerikanischen Perspektive. Pfingstler glauben, dass durch ihr Gebet Gott zur Interaktion motiviert wird und auch für Veränderungen offen ist. Sie waren und sind für das Wirken des Heiligen Geistes offen. Fundamentalisten sehen die Welt eher als geschlossenes System und glauben, dass Gott die Wahrheit in der Bibel gegeben hat und diese vor humanistischen und modernen Interpretationen geschützt werden muss.[7]

Man könnte vielleicht sagen, dass ein fundamentalistischer Gedanke die Pfingstbewegung übernommen hat und ihr die Freiheit, die sie im Geist Gottes hatte, zu ersticken drohte. »Der Fundamentalismus raubt unseren pfingstlichen Frauen die Verheißung, dass Gott seinen Geist über sie ausgießen und sie gebrauchen wird; der Fundamentalismus gründet auf einer engen Sichtweise von Rationalität und ›Wort‹ und schließt damit das freie Wehen des Geistes aus.«[8] Terry L. Cross bricht beinahe wütend in eine energische Rede aus. Man spürt, wie sehr er sich wünscht, dass der Fundamentalismus keine Macht mehr hat.

Die Pfingstler waren im Kern nie Fundamentalisten, auch wenn sie sich in Attacken auf das liberale Christentum angeschlossen haben. An ihrem Ursprung steht das nicht.

Sind Pfingstler evangelikal? Da sie in den USA über längere Zeit hinweg nicht ernstgenommen wurden, man sich oft über sie lustig gemacht hat, schlossen sie sich einer evangelikalen, konservativen Bewegung an. Daraufhin gab es einige Veränderungen in den Pfingstgemeinden, wie zum Beispiel, dass die Anzahl der Frauen im Dienst beachtlich sank und dass die Bibelschulen begannen, anhand evangelikaler Lehrbücher auszubilden, und, weil das in diesen Lehrbüchern fehlte, alles Wissen zum Thema Geist Gottes mündlich weitergaben.

Pfingstler sind so Teil der evangelikalen Bewegung, aber sie sind nicht mit dieser identisch. Pfingstler und Evangelikale halten an der Form des Glaubens fest, die aus dem Protestantismus entspringt. Ihre Wurzeln liegen bei radikalen Reformatoren, vor allem den Täufern und Pietisten, aber auch im Herzen der Reformation bei Luther und Calvin. Das Verständnis der Errettung, die Soteriologie, stammt ebenfalls aus der protestantischen Rechtfertigungslehre und findet in dem Satz »Sola gratia« prägnanten Ausdruck. »Allein aus Gnade.« Auch das Bibelverständnis entspringt der Reformation. Pfingstler sind damit eher evangelisch, so werden sie in den USA, in dem Land, in dem die Pfingstbewegung ihren Ursprung hat, auch betrachtet.

Ja, ich kann die Pfingstbewegung in ihren Ursprüngen weiterhin mögen und das evangelikale Christentum für mich ad acta legen. Während Pfingstler als Kinder der Aufklärung die moderne Welt inklusive kritischer Bibelauslegung akzeptieren können, aber eine Geistbegabung des Einzelnen behaupten, versuchen die Evangelikalen die Herausforderungen der Moderne durch ein enges Bibelverständnis abzuwehren. Letzteres ist in die Pfingstbewegung eingedrungen und hat sie fundamentalisiert, dabei war sie ursprünglich gar keine fundamentalistische Frömmigkeitsrichtung.

◈ ◈ ◈

Ich bin wütend, ja. Auf das System. Nicht auf Gott. Nicht auf meinen Glauben. Aber auf das evangelikale, fundamentalistische System, das mir keine andere Wahl gelassen hat als jung zu heiraten, das mir keine selbstbestimmte Sexualität ermöglicht hat, das mich fallen gelassen hat, als ich eigene Schritte wagte und mir den Weg in meinen Beruf versperrt hat, weil ich nicht mehr in das fundamentalistische System passte. Ich bin wütend, dass ich mich jahrelang in Schuld- und Schamgefühlen selbst festgehalten habe. Und ich sehne mich nach dieser urpfingstlichen Erfahrungswelt in Kombination mit einer pietistischen Bibelauslegung. Es darf nicht sein, dass Kirche nicht der barmherzigste Ort dieser Welt ist, wie Martin Benz es immer wieder formuliert[9], ich bei meinen Freunden außerhalb der Gemeinde mehr Anteilnahme und Halt gefunden habe als bei ihr. Wenn unser Leben zerbricht, ja selbst, wenn wir Schuld tragen, wünsche ich mir mehr Annahme und Verständnis in der Kirche. Die Bibel ist voll von Begegnungen Jesu mit Menschen, die richtig viel Mist gebaut haben. Und immer vergibt er, zeigt Mitleid, Erbarmen und Gnade, und zwar sogar mit denen, die es eigentlich nicht mal verdient hätten.

◈ ◈ ◈

Ich kann mir Gott und sein Wirken nicht immer erklären. Vielleicht würde ich mich als moderne Mystikerin bezeichnen. Eine aus dem 21. Jahrhundert. Ich glaube, dass Gottes Geist zu oft in vorgefertigten Mustern gedacht wird. Der Geist Gottes weht aber wo er will und wann er will, wenn wir schon davon ausgehen, dass er überhaupt weht.

Mystisch zu sein, bedeutet nicht, dass ich mich auf bestimmte Erfahrungszustände fixiere, sondern ich weiß, dass Gott in aller Erfahrung immer und letztlich unverfügbar bleibt. Ich werde ihn nie ganz begreifen können, mein Wissen bleibt immer Stückwerk.

Ich weiß, dass ich keine Antworten auf alle Fragen habe. Manches oder vieles bleibt unbeantwortet. Ich muss Gott nicht erklären und darf viel öfter schweigen.

Glaubenszweifel, Unsicherheiten und offene Fragen zeigen, dass sich unser Glaube im Wandel befindet. Es ist kein Abfall von Gott oder dem Glauben, sondern der Weg zu einer neuen, reiferen Beziehung zu Gott. Glaube ist nicht statisch, sondern immer wieder Wachstum und darf festgefahrene Einstellungen gern hinter sich lassen. Wir dürfen uns erneuern und verändern, damit wir weiter glauben.

Ein Wort zum Schluss

In einer langjährigen Beziehung verändert sich die Liebe, sie wird realistischer, das Rosa des Anfangs verblasst. Man hat sich in der gemeinsam verbrachten Zeit auch verletzt, musste einander vergeben, war einander über Strecken fern und konnte dann wieder nicht genug voneinander bekommen.

So würde ich auch mein Verhältnis zum Glauben beschreiben. Es ist eine Liebe, die unweigerlich zu mir gehört. Sie ist kein Hobby und die Kirche ist kein Verein, den ich mir ausgesucht habe. Meine Liebe zu Jesus ist, trotz aller offenen Fragen, trotz all der Dinge, die ich nicht verstehe und auch angesichts der Erkenntnis, dass meine Existenz im Universum ziemlich unwichtig ist, nie vergangen.

Vielleicht würden Einige meinen Glauben als naiv bezeichnen, für mich aber bedeutet er Hoffnung, das Empfangen von Vergebung, bedingungslose Liebe, wunderbare Weisung und Richtschnur im Leben und die tiefe Hoffnung und das Vertrauen, dass unser Leben nicht nutzlos ist, sondern sich in etwas großes Ganzes einfügt und dadurch einen Sinn hat. All das, was ich erlebt habe und was viele Menschen und auch ich selbst als toxisch bezeichnen würden, diente mir letztendlich zum Besten. Ich hege keinen Groll, bin nicht nachtragend. Jede einzelne der Personen, die mich begleitet und angeleitet haben, hat es gut gemeint, wollte das Beste und wusste es nicht besser. Das entschuldigt die Fehler, die gemacht wurden nicht, erklärt sie aber und hilft mir dabei, loszulassen und meinen eigenen Weg weitergehen zu können.

Ich möchte nicht zulassen, dass andere Menschen durch ihre Meinungen und ihr Gottesverständnis mein Leben, mein Sein und meine Zukunft, ja auch mein eigenes Bild von Jesus beeinflussen dürfen, wenn diese nicht dem entsprechen, was ich in der Bibel lese und was ich erlebt habe: Nämlich bedingungslose, endlose, überwältigende Liebe und einen Gott, den niemand in eine vorgefertigte Box stecken kann.

Dieses Buch erscheint 2023 und es könnte nicht passender sein, unter einem Bibelvers, der sich durch das ganze Jahr ziehen soll. Wie eine Art Motto, ein Kerngedanke. Und dieser Vers könnte sperriger und schöner nicht sein. »Du bist ein Gott, der mich sieht«, sagt Hagar zu Gott (Genesis 16,13). In der Kultur, in die Hagar als ägyptische Sklavin Abrahams gerät, ist Gottes Name unaussprechlich. Er wird JHWH geschrieben und »Jahwe« gesprochen. Aber die Ehrfurcht vor dem Gottesnamen ist bei den Hebräern so groß, dass der Name Gottes nur mit »Adonai«, der »Herr« gelesen wird. Gott ist der Unfassbare, der, der nicht auf den Begriff gebracht werden kann. Er ist der, der er sein wird.

Dieser Gott der Hebräer sieht die Ägypterin Hagar, der Unrecht geschieht.

Abraham und Sara konnten keine Kinder bekommen. Daher nahm Abraham Hagar zur Nebenfrau und bekam den ersehnten Sohn mit ihr. Sara hatte daraufhin das Gefühl, ihre Magd würde sich als Mutter des sehnlichst erwarteten Erstgeborenen und Erben über sie erheben können, wenn das Kind erst einmal da sein würde. Sie drangsalierte Hagar, war, auf Deutsch gesagt, mehr als fies zu ihr. Hagar hielt es irgendwann nicht mehr aus und floh in die Wüste. Und dann heißt es in Genesis:

> Der Bote des Herrn aber fand sie an einer Wasserquelle in der Wüste.
>
> Und er sprach: »Hagar, Magd Saras, wo kommst du her, und wo gehst du hin?«
>
> Und sie sagte: »Vor Sara, meiner Herrin, bin ich auf der Flucht.«
>
> Da sprach der Bote des Herrn zu ihr: »Kehr zurück zu deiner Herrin und ertrage ihre Härte.«
>
> Und der Bote des Herrn sprach zu ihr: »Ich werde deine Nachkommen reichlich mehren, dass man sie nicht zählen kann in ihrer Menge.«
>
> Dann sprach der Bote des Herrn zu ihr: »Sieh, du bist schwanger und wirst einen Sohn gebären, und du sollst ihn Ismael nennen, denn der Herr hat auf deine Not gehört.«
>
> Und Hagar antwortete: »Du bist El-Roi. Wahrlich, hier habe ich dem nachgesehen, der auf mich sieht«.

Oder anders übersetzt: »Du bist ein Gott, der mich sieht.«

Unfassbar. Hagar gibt Gott einen Namen! Einen ungewöhnlichen, einen sehr persönlichen. Die hebräische Sprache kann viele Bedeutungen variieren. Eine der möglichen Bedeutungen des Namens, den Hagar wählt, ist eben »Gott, der mich sieht«. Und fast noch krasser ist, dass Gott sich so persönlich sichtbar macht – und das, im Leben einer Magd. Und er spricht in ihr Leben. In ihre Gegenwart und ihre Zukunft. Er spricht sie beim Namen an, ebenfalls ungewöhnlich. Denn Hagar wird von ihren Herren nur als »Magd« bezeichnet.

Warum ist diese Geschichte der Sklavin Hagar so ein guter Abschluss für dieses Buch? Gott ist El-Roi, ein dich sehender Gott. Er sieht dich und liebt dich, auch inmitten deiner Wüstenzeit, wenn du weggelaufen bist, wenn Menschen böse zu dir waren, dich benutzt haben. Er ist da. Er sieht dich. Er liebt dich. Denn du bist wertvoll in Gottes Augen.

Gott liebt dich, ohne Ansprüche zu stellen, ohne Erwartungen an dich zuhaben. Du musst nichts leisten, ihn nicht zurück lieben. Er liebt trotzdem. Er sieht trotzdem. Auch wenn wir vieles nicht verstehen, unsere Weltanschauungen und all die Wunden dieser Welt mit der Vorstellung eines allmächtigen Gottes kollidieren. Ich glaube. Trotz tausender offener Fragen. Ich nehme diese Liebe an.

Danke

Viele der Freikirchen und der Pastoren und Pastorinnen machen eine großartige Arbeit, die viel Wertschätzung verdient. Mit vielen bin ich bis heute freundschaftlich verbunden. Meine Geschichte ist individuell und steht doch auch stellvertretend für viele andere.

Ich weiß gar nicht, wem ich zuerst danken soll.

Danke Jesus für deine Liebe zu mir, die mich durch alle Täler getragen hat und mich auch in allen Höhen des Lebens nie fallengelassen hat. Du bist treu und es ist mein größter Schatz, dass ich dieses Leben mit dem Glauben an dich bestreiten kann.

Danke an Björn, du Fels in unserem Leben, du sicherer, starker, liebevoller Mann, auf dessen Liebe ich mich immer verlassen kann. Es ist eine Ehre, dich lieben zu dürfen und dich als Vater unserer Kinder zu erleben.

Danke an meine drei wundervollen Mädchen, eine großartiger als die andere. Ihr seid mein Lebensglück. Danke, dass ihr mich liebt, dass wir gemeinsam Abenteuer erleben, lachen, weinen, kuscheln und den Alltag bestreiten. Das Leben wäre so leise und einsam ohne euch. Ich darf eure Mama sein: Was für ein Geschenk.

Danke an meine Eltern, dass ihr mir so eine schöne Kindheit ermöglicht habt. Mit den schönsten Versteckspielen im Garten, tollen und vielen Büchern, gemeinsamen Fernsehabenden bei selbst geschmierten Schnitten und unglaublich viel vor allem psychologische Wissensvermittlung. Ich bin, wer ich bin wegen euch und eurer Fähigkeit, eure eigene Vergangenheit, euren eigenen Schmerz aufzuarbeiten und es in vielerlei Hinsicht besser zu machen. Ich bin dankbar, wie ihr euch damals bedingungslos hinter mich gestellt habt und mich auch jetzt stützt, damit ich mich entfalten kann. Ich bin dankbar, eure Tochter zu sein.

Danke an meine Schwiegereltern. Ohne euer Engagement, eure Zeit, eure tollen Essenslieferungen, eure Unterstützung, eure verlässliche Hilfeleistung wäre überhaupt kein Buch entstanden und ich hätte niemals auch nur studiert oder ein Haus bauen können. Dank euch können wir die Balance halten und alle Bedürfnisse unter einen Hut kriegen. Eure Liebe, euer Anfeuern, euer Stolz auf mich und die vielen klugen philosophischen Bücher und Gespräche haben entschieden dazu beigetragen, dass ich schreibe.

Liebe geht auch an meine beiden Brüder Micha und Lukas und eine extra Umarmung an Jenny. Ich liebe euch.

Danke an meine liebsten, engsten Freundinnen. Ihr liebt mich so wie ich bin. Auch mit wenig Zeit und in meiner absoluten Echtheit, die alles andere als perfekt ist. Ihr hört euch ellenlange Sprachnachrichten an oder krault meinen Kopf. Wer solche Freundinnen hat, der kann sich wirklich glücklich schätzen. (Ich muss kurz aufpassen, hier nicht zu weinen.)

Liebe Elli, wir haben so viel gemeinsam erlebt. Durch Höhen und Tiefen, mal weiter voneinander entfernt, mal wieder ganz nah aneinander dran. Was wir haben ist besonders und gegründet auf festem, unverrückbarem Grund.

Liebe Jule, dein Sein in meinen schwersten Lebensmomenten bringt mich immer noch zum Heulen. Du bist mein Lebensglück, ich bin so glücklich, dass ich mich in der achten Klasse neben dich gesetzt habe. Jule, ich habe keine Worte dafür, wie dankbar ich bin, dass ich deine Freundin sein darf.

Liebe Nuxi, du bist so eine Bereicherung für mich in den letzten Jahren geworden. Was für ein Geschenk, dass du mich durch die Pandemiejahre begleitet hast und all meine Kämpfe ausgehalten und getragen hast. Unendlich: Danke.

Liebe Laura, ich bin mir sicher: Es war kein Zufall, dass du dich in Mathe neben mich gesetzt hast. Und mir vergeben hast, als ich dir gesagt habe, du würdest in die Hölle kommen. Du bist ein solches Geschenk für mein Leben. Danke für alles! Danke, dass ich so authentisch sein kann, du mich in jeder Phase meines Lebens liebhast.

Danke Lydi. Ich habe nicht mal Worte dafür. Ich bin so gern mit dir zusammen! Gute und schlechte Zeiten haben wir erlebt. Du bist nah an meinem Herzen. Und wirst es immer sein.

Judith, 34 Jahre Freundschaft sind es aktuell! So oft bei dir sein zu können als Kind, hat mich stark geprägt. Deine Form von Glauben erleben zu dürfen, Teil eurer Familie zu sein. Es ist ein großes Geschenk, dass wir diese unkomplizierte Form von Freundschaft haben dürfen.

Sigi, ich habe das Bedürfnis, dich mit aufnehmen zu wollen, dir zu zeigen, dass unsere ewig dauernde Freundschaft, deine Begleitung durch all meine Lebensphasen, mir so viel bedeutet.

Sara, ich verdanke dir mein aktuelles Leben. Deinen geglückten Kupplungsversuchen sei Dank. Deiner Hartnäckigkeit sei Dank. Du hättest mir damals nicht vergeben müssen, hast es aber getan. Du wunderbare Patentante: Wie schön, dass du meine Freundin bist.

Dani, bester Freund. Was wir beide für schlimme Lebenstäler erlebt haben. Ich werde nie vergessen, wie du für mich da warst.

Wie du mit mir auf der Bank vor der Uni gesessen hast und ich dir von meiner Schwangerschaft erzählt habe. Wie wir Salsa tanzen waren. Wie wir gemeinsam gebetet haben und wie viel du mir bedeutest.

Danke an Simi, mit dir schicke ich die längsten Sprachnachrichten! Und jede ist ein Genuss. Danke für dein Sein, deine Begleitung, deine Diskussionen, deine Freundschaft.

Miri, die Verbindung mit dir ist ganz besonders. Wie zwei Beichtmütter sind wir füreinander. Bei dir entspringen Gedanken aus meinem Herzen, die ich noch nicht mal wusste, dass sie existieren. Du bist so ein kostbares Geschenk für mein Leben.

Ich liebe euch alle.

Danke an die wunderbaren Freundinnen, die mich vor über zehn Jahren durch mein Lebenstal begleitet haben, nicht zugelassen haben, dass ich allein und traurig in einer Ecke sitze. Die mich umbetet oder mir Salat gebracht haben, die mit mir tanzen gegangen sind oder mit mir Griechisch gepaukt haben. Es ist so eine Ehre auf meiner Lebensreise so vielen unglaublich tollen Menschen begegnet zu sein. Danke an Luisa, Marike, Jule, Lisa, Lucie, Caro, Louisa, Ines, Ina, Judith, Hanna. Danke an Martin, der du mir damals beigestanden und den Umzug mit mir gewuppt hast. Das werde ich dir nie vergessen.

Danke auch euch, Suse und Peter, Deborah und René, Julia und Martin für eure Freundschaft.

Danke an Kezia, Jelli, Andreas, die ihr euch Zeit genommen habt, damit ich mit euch theologisch diskutieren und gemeinsam Fragen erörtern kann.

Danke an Christoph M. und Christoph und Rebecca, die ihr mich entscheidend in meiner Theologie geprägt und beeinflusst habt.

Danke an Schnurri und Marlene, die ihr immer hinter mir gestanden habt. Danke auch an David, Chris, Alex, Susi und Seb. Küsse auch besonders an Jule Pietrek.

Danke an die Menschen, die Potenzial in mir gesehen haben und mich in meinem beruflichen Weg unterstützt haben. Ich kann nicht alle aufzählen, aber meine erste Agentur, Martin und später Annette und Karo: Danke, dass ihr an mich geglaubt habt und mir so viele Möglichkeiten gegeben hat.

Danke an Veronika Schmidt, meine Begleiterin und Supporterin. Ohne dich wäre ich nicht an meinem Heilungspunkt.

Danke an das Gütersloher Verlagshaus und Marcus für dein Lektorat und die Möglichkeit, meine Geschichte in die Öffentlichkeit zu tragen.

Ich hoffe, ich habe niemanden vergessen. Ich bin umgeben, von so vielen großartigen und liebevollen Menschen und fühle mich sehr gesegnet dadurch.

Glossar

Bekehrung: Der Mensch wendet sich zu Gott hin. Es ist die Hinwendung zum christlichen Glauben. In evangelikalen Kreisen wird auch von einem Bekehrungserlebnis gesprochen. Menschen sprechen oftmals ein Gebet, in dem sie ihr Leben Jesus übergeben, ihre Sünden bekennen und ab diesem Zeitpunkt Christen sind.

BFP: Der Bund freikirchlicher Pfingstgemeinden hat heute mehr als 900 Ortsgemeinden in Deutschland. Sie verstehen sich als evangelisch-pfingstliche Freikirche und sind Teil der weltweiten Pfingstbewegung. Der BFP ist eine Körperschaft des öffentlichen Rechts und keine Sekte. Er gehört zur ökumenischen Bewegung und ist Teil der Evangelischen Allianz und anderen großen Vereinigungen.

Charismatisch: Die charismatische christliche Bewegung ist konfessionsübergreifend. Die Gaben des Heiligen Geistes werden besonders hervorgehoben. Dieser Begriff wird oftmals auch als Synonym für die Pfingstbewegung verwendet. In charismatischen Gottesdiensten gibt es verstärkt freies Gebet und Segnungen.

Evangelikal: Evangelisch und evangelikal sind zwei verschiedene Begriffe. Evangelikal ist eine Glaubenshaltung innerhalb des Evangelischen. Evangelikale sind nicht gleich fundamentalistisch. Viele Freikirchen sind evangelikal, aber es gibt auch fundamentalistische oder liberale. Evangelikale Christen bezeichnen sich als bibeltreu, die Bibel ist das inspirierte Wort Gottes, und sie haben oft ein Bekehrungserlebnis. Sie möchten Menschen zu Jesus bringen und haben oft ein schwarz-weißes Weltverständnis. Dämonen und Engel, Gut und Böse, stehen im tatsächlichen Kampf gegeneinander.

Evangelisch: (Protestantismus) In Deutschland gibt es die evangelische und die katholische Kirche. Das sind die Großkirchen bzw. Amtskirchen, die eng mit dem Staat verbunden und durch Kirchensteuer finanziert sind. Die evangelische Kirche gründet sich auf die Reformation Martin Luthers. Das Wort »Evangelisch« kommt von Evangelium, was sich aus dem Griechischen *euangélion* ableitet und »gute Botschaft« oder »gute Nachricht« bedeutet. Diese gute Nachricht nach Luther ist, dass der Mensch aus Gnade von Gott angenommen und gerettet ist und sich die Vergebung der Sünde nicht verdienen oder erkaufen kann.

Evangelist: Eine Person in evangelikalen Gemeinden, die speziell zur Verkündigung berufen ist.

Exegese: Die Erklärung eines Textes, hier: der Bibel. Die Bibel wird im Urtext, dem Hebräischen, Aramäischen und Altgriechischen gelesen, der Kontext der Texte betrachtet und dann ausgelegt. Was kann der Text uns heute sagen? Historisch-kritische Exegese betrachtet beispielsweise den Text auch dahingehend, wie er literarisch und hinsichtlich anderer Quellen einzuordnen ist, die vorliegen. Welche Manuskripte waren zum Beispiel die

Ältesten? Was wurde später hinzugefügt? Diese Methode entstammt der Neuzeit und wird in evangelikalen Kreisen oftmals kritisch gesehen oder abgelehnt.

Freikirche: In Deutschland gibt es die evangelische und katholische Kirche. Das sind Amtskirchen, die eng mit dem Staat verbunden und durch Kirchensteuer finanziert sind. Freikirchen sind protestantisch geprägt, bekommen aber keine Kirchensteuer, sondern finanzieren sich durch Spenden. Freikirchen entscheiden selbst, wie sie ihre Gottesdienste gestalten und was sie predigen. Es gibt viele verschiedene Freikirchen, wie zum Beispiel Baptisten, FEGs, Brüdergemeinden, ICF auch der Bund freikirchlicher Pfingstgemeinden ... jede Gemeinde und Bewegung ist individuell zu betrachten. Grundsätzlich kann man aber sagen, dass Freikirchen die Bibel als Grundlage und Orientierungspunkt für ihr persönliches Leben nehmen.

Fundamentalistisch: Dieses Wort in einigen Sätzen einzuordnen ist beinahe unmöglich. In diesem Buch meint es, dass christlicher Fundamentalismus die Bibel wörtlich liest und interpretiert. Die Bibel ist das inspirierte Wort Gottes und nicht zu hinterfragen.

Geistesgaben: Der Heilige Geist verleiht Christen übernatürliche Gaben, die da wären Weisheit, Erkenntnis, Glaube, prophetisches Reden, Unterscheidung der Geister zwischen Gut und Böse, Zungenrede, Auslegung der Zungenrede, Heilung der Kranken, und Kraft, Wunder zu vollbringen (Vgl. 1. Korinther 12,8-10).

Geistestaufe: Die Apostel wurden nach Jesu Weggang in den Himmel vom Heiligen Geist ergriffen, der in Form von Feuerflammen über ihren Köpfen schwebte und sie in fremden Sprachen (Zungenrede) sprechen ließ. Die theologische Lehre lautet: Bei der Taufe mit dem Heiligen Geist erhält man nach einem Gebet übernatürlich eine oder mehrere der Geistesgaben durch den Heiligen Geist. Dies geschieht nach der Bekehrung, der so genannten Wiedergeburt, wenn man also sein Leben Jesus übergibt und sich taufen lässt.

Heilsgewissheit: Dieser Begriff bedeutet, dass man sich sicher ist, gerettet zu sein und nicht ewige Höllenqualen nach dem eigenen Tod erleiden zu müssen.

Pfingstbewegung: Es ist eine weltweit christliche Bewegung, die vor allem das Wirken des Heiligen Geistes betont. Sie entstand Anfang des 20. Jahrhunderts in den USA. In Deutschland gibt es zwei große Gemeindebünde, die sich der Pfingstbewegung zuordnen: Die Gemeinde Gottes und der Bund freikirchlicher Pfingstgemeinden. Dazu noch viele andere, freie Gemeinden. Die Pfingstbewegung wächst weltweit und schneller als jede andere Religionsgemeinschaft und ist vor allem dem evangelikalen Milieu zuzuordnen.

Wohlstandsevangelium: Eine religiöse Auffassung, dass Gott uns Gesundheit und Wohlstand versprochen hat und wir nur richtig beten und glauben müssen, damit diese Dinge unser Leben betreten. Sollte Krankheit oder Armut unser Leben beeinträchtigen, würden Wohlstandsprediger sagen, man hätte Sünde im Leben, nicht richtig geglaubt oder nicht richtig gebetet. Reichtum und Erfolg sind Zeichen von Gottes Gunst.

Zungenrede/Zungengebet: Wird auch »In Sprachen beten« genannt. Das Sprechen in unverständlichen Lauten oder in unbekannten Sprachen. Es gilt als eine der Geistesgaben, wenn man mit dem Heiligen Geist erfüllt ist. Die Pfingstgemeinden sehen die Zungenrede entweder als ersten Beweis der Erfüllung mit dem Heiligen Geist oder als eine der vielen Geistesgaben. Zungenrede muss im Gottesdienst biblisch gesehen ausgelegt werden, so dass jeder versteht, was gebetet wurde. Auch diese Fähigkeit der Auslegung gilt als Geistesgabe, die man von Gott geschenkt bekommt. Ansonsten dient die Gabe der Zungenrede aber vor allem zur eigenen, persönlichen Erbauung.

Anmerkungen

I. »Pass auf, nicht dass du in die Hölle kommst!«

1 Vgl. Rachel Held Evans: Faith Unraveled. How a girl who knew all the answers learned to ask questions, Grand Rapids 2010, S. 26.

2 Rachel Held Evans: Searching for Sunday. Loving, Leaving, and finding the church, Nashville 2015, S. 21.

3 Die christliche Mission »Kwasizabantu« kommt ursprünglich aus Südafrika. Ihr Leiter ist Erlo Stegen. Die Verantwortlichen setzen sich dezidiert von der pfingstlich-charismatischen Bewegung ab. In den vergangenen Jahren gab es immer wieder Aussteiger, die über sexuellen Missbrauch und Menschenrechtsverletzungen klagten.

4 Das Hauptzitat war damals »the color line was washed away in the blood«, also »Die Grenze zwischen den Rassen wird vom Blut Christi abgewaschen.«

5 Thorsten Dietz: Menschen mit Mission. Eine Landkarte der evangelikalen Welt, Holzgerlingen 2022, S. 134.

6 Organisatorisch gehört ein Teil der deutschen Elim-Gemeinden zum Bund Evangelisch-Freikirchlicher Gemeinden, die sogenannten Christengemeinden Elim hingegen zum Bund Freikirchlicher Pfingstgemeinden.

7 Dietz, Menschen mit Mission, S. 141.

8 Nadia Bolz-Weber: Ich finde Gott in den Dingen, die mich wütend machen, Moers 2015, S. 180.

9 Die Vorstellung, dass die Zungenrede der Beweis der Geistestaufe ist, ist eine der umstrittensten Glaubenspositionen sogar innerhalb der Pfingstgemeinden. Im Bund freikirchlicher Pfingstgemeinden gilt die Zungenrede nicht als einziges Zeichen, dass man mit dem Heiligen Geist erfüllt ist. Andere Pfingstbewegungen sehen die Zungenrede als Beweis eben dafür an.

10 Morton T. Kelsey: Tongue Speaking. An Experiment in Spiritual Experience, New York 1964, S. 218-233.

11 Dietz, Menschen mit Mission, S. 131.

12 Thorsten Dietz beschreibt hier die Darstellung des Kirchenhistorikers Donald Dayton. Dietz, Menschen mit Mission, S. 131.

13 Nadia Bolz-Weber: Unheilige Heilige. Gott in all den falschen Leuten, Moers 2016, S. 80.

14 Valerija Sipos und Ulrich Schweiger: Glauben Sie nicht alles, was Sie denken. Die Anleitung für ein gesundes und glückliches Hirn, Freiburg i.Br. 2019.

15 Dr. Thomas Breuer, Worthaus, Was geschieht nach dem Tod? – die christliche Erwartung einer Auferweckung der Toten, Podcast 2.5.2, https://worthaus.org/mediathek/was-geschieht-nach-dem-tod-die-christliche-erwartung-einer-auferweckung-der-toten-2-5-2/.

16 William Paul Young: Lügen, die wir uns über Gott erzählen, Berlin 2017, S. 105.

17 Vgl. Young, Lügen, S. 106.

18 Young, Lügen, S. 107.

19 Breuer, ebd.

20 So verstehe ich die Verse aus Johannes 12,32 und 1. Timotheus 4,10.

21 Young, Lügen, S. 93-94.

22 Markus 11,25-26.

II. »Bis dass der Tod euch scheidet!«

1 Vgl. dazu mein Buch: Immer besser scheitern, Asslar 2023, S. 214.

2 Vgl. Andreas Bebenbender, Der gescheiterte Messias, Leipzig, 2019, S. 26.

3 Markus 16,8 in der Elberfelder-Übersetzung.

III. »Sündige nicht, sondern lebe heilig!«

1 Angelika Heinen, Ärger, Angst und Traurigkeit: Neue Schöpfung, alte Gefühle? https://mindo-magazin.de/aerger-angst-und-traurigkeit-neueschoepfung-alte-gefuehle/ zuletzt geprüft am 3.09.2022.

IV. »Kein Sex vor der Ehe!«

1 https://www.jesus.de/nachrichten-themen/nachrichten/bestsellerautor-joshua-harris-ich-bin-kein-christ/ zuletzt geprüft am 11.05.2023.

2 Thorsten Dietz und Tobias Faix: Podcast Karte & Gebiet Sexualethik. Von Purity Culture bis Polyamorie, Folge 19, https://www.podcast.de/episode/604302411/sexualethik-von-purity-culture-bis-polyamorie-folge-19.

3 https://aufnkaffee.net/2019/10/sex-christen-entspannt-euch/ zuletzt geprüft am 16.06.2023.

4 Der vollständige Text des Liedes »Beautiful things« ist im Original zu finden unter http://www.gungormusic.com/.

V. »Du musst dich unterordnen!«

1 Tilmann Haberer: Befreit von der Angst. Was Erlösung bedeutet, Sonntagsblatt, 17. Oktober 2019. https://www.sonntagsblatt.de/artikel/glaube/befreit-von-der-angst-was-erloesung-bedeutet.

2 Veronika Schmidt: Endlich gleich, Holzgerlingen 2019, S. 91.

3 Vgl. Timothy B. Cargal: Jenseits von Fundamentalismus und Modernismus, pfingstliche Hermeneutik in einem postmodernen Zeitalter, in: Jörg Haustein und Giovanni Maltese (Hrsg.): Handbuch pfingstliche und charismatische Theologie, Göttingen 2014, S. 119.

4 Cargal weist darauf hin, dass sich die Pfingstbewegung dieser Gefahr bewusst ist und sie versuchen, diese zu vermeiden.

5 Maltese Haustein (Hrsg.): Handbuch pfingstliche und charismatische Theologie, Göttingen 2014, S. 120.

6 Martin Benz: Wenn der Glaube nicht mehr passt, Neukirchen-Vluyn 2022, S. 57.

7 Matthäus 5,29-30.

8 Vgl. Thorsten Dietz: Weiter glauben, Moers 2020, S. 82-83.

9 In Deutschland ging die Pfingstbewegung aus der Gemeinschaftsbewegung (Neupietismus) hervor.

VI. »Ich bin wütend!«

1 Weitere Infos dazu im Podcast »Toxic Church«.

2 Podcast Toxic Church – die Hillsong Story, Folge 3, Diener des Herrn, 2023.

3 Podcast SinnSuche – Kirche im NDR, »Im Zug«, Anna Nicole Heinrich, Folge 33, 21. März 2023.

4 Yvonne Maier: Trauern ist ein Zeichen von Liebe, www.ardalpha.de/wissen/psychologie/tod-trauer-liebe-begleitung-verlust-beziehung-100.html vom 6.10.2022.

5 Vgl. Sarah Bessey: Miracles and other reasonable things. A Story of unlearning and relearning God, Brentwood, TN 2019.

6 Evangelikalismus ist in den USA anders als in Deutschland. Einige Entwicklungen haben sich verschränkt.

7 Terry L. Cross: »Sind Pfingstler evangelikale Christen?« In: Jörg Haustein und Giovanni Maltese: Handbuch pfingstliche und charismatische Theologie, 2014, S. 388. Cross bezieht sich auf Douglas G. Jacobsen: Thinking in the Spirit: Theologies oft he Early Pentecostal Movement. Bloomington, 2003, S. 357.

8 Cross: Sind Pfingstler evangelikale Christen?, S. 388-389.

9 Priska Lachmann: Immer besser scheitern, ERF Jess Podcast, Folge 7. »Scheitern als Ehepaar II« https://www.erf.de/hoeren-sehen/erf-jess/podcasts/51626, vom 12.6.2023.

FSC
www.fsc.org
MIX
Papier | Fördert gute Waldnutzung
FSC® C014496

Penguin Random House Verlagsgruppe FSC® N001967

1. Auflage

Umschlagfoto: © Judith Ziegenthaler, www.judithziegenthaler.de
Druck und Bindung: GGP Media GmbH, Pößneck
Printed in Germany
ISBN 978-3-579-06226-6
www.gtvh.de